SETE MINUTOS

JOHN BRANDON

SETE MINUTOS PARA AUMENTAR A SUA PRODUTIVIDADE

como administrar a sua agenda, superar distrações e alcançar os resultados que você deseja

EDITORA HÁBITO
Avenida Recife, 841 — Jardim Santo Afonso — Guarulhos — SP
CEP 07215-030 — Tel.: 0 xx 11 2397-1019
contato@editorahabito.com.br — www.editorahabito.com.br
/editorahabito @editorahabito

7 MINUTOS PARA AUMENTAR A SUA PRODUTIVIDADE

Originalmente publicado em inglês sob o título:
The 7-Minute Productivity Solution
Publicado com autorização contratual. Originalmente publicado nos EUA por Revell uma divisão da Baker Publishing Group

Todas as citações foram adaptadas segundo o Acordo Ortográfico da Língua Portuguesa, assinado em 1990, em vigor desde janeiro de 2009.

As opiniões expressas nesta obra refletem o ponto de vista de seus autores e não são necessariamente equivalentes às da Editora Hábito ou de sua equipe editorial.

Os nomes das pessoas citadas na obra foram alterados nos casos em que poderia surgir alguma situação embaraçosa.

Todos os grifos são do autor, exceto indicação contrária.

Todas as citações foram adaptadas segundo o Acordo Ortográfico da Língua Portuguesa, assinado em 1990, em vigor desde janeiro de 2009.

Editora-chefe: Sarah Luccnini
Tradução: Cecília Eller
Revisão de tradução: Andrea Filatro
Revisão de provas: Paulo Peres e Eliane Viza
Projeto gráfico e diagramação: Marcelo Alves de Souza
Capa: Philipe Santos

1. edição: nov. 2024

Dados Internacionais de Catalogação na Publicação (CIP)
(Câmara Brasileira do Livro, SP, Brasil)

Brandon, John
Sete minutos para aumentar sua produtividade : como administrar sua agenda, superar distrações e alcançar os resultados que você deseja / John Brandon ; tradução Cecília Eller. -- São Paulo : Editora Hábito, 2023.

Título original: The 7-minute productivity solution : how to manage your schedule, overcome distraction, and achieve the results you want.
Bibliografia.

ISBN 978-65-8479-521-1
e-ISBN 978-65-8479-528-0

1. Administração do tempo - Aspectos psicológicos 2. Autorrealização (Psicologia) 3. Motivação (Psicologia) I. Título.

23-141955 CDD-650.1

Índice para catálogo sistemático:

1. Administração do tempo 650.1
Inajara Pires de Souza - Bibliotecária - CRB PR-001652/O

Para os meus filhos:

RACHEL
HANNAH
JOSH
KATIE

SUMÁRIO

Agradecimentos 9
Introdução 13

Parte 1. Cultive bons hábitos

Seção 1. *Rotina matinal*

1. Defina o que é significativo 29
2. Você é mais inteligente de manhã 35
3. Registre os momentos de esperança 45
4. Coloque-se no caminho certo 51
Rotina matinal de 7 minutos 58

Seção 2. *Planeje o seu dia*

5. Aprenda a focar 63
6. Pare de depender tanto de listas 71
7. Faça primeiro as tarefas mais importantes 81
8. Como definir metas cruciais 91
Rotina de planejamento diário 98

Seção 3. *Faça uma pausa*

9. Como evitar a fadiga da decisão 103
10. Pare de encarar as suas metas com visão de túnel 111
11. Como aumentar a autoconsciência 121
Rotina de pausa 127

Seção 4. *Reflita sobre o seu dia*

12. Alcance metas desaprendendo velhos hábitos 131
13. As dificuldades nos fortalecem 137
14. Termine o dia com a esperança renovada 143
Rotina de reflexão sobre o dia 148

Parte 2. Livre-se dos maus hábitos

Seção 5. *Obsessão por conferir os e-mails*

15. Houston, temos um problema com os e-mails! 153
16. Recupere 30 horas de trabalho 161
17. O grande desafio dos e-mails 169
18. A meta real são os relacionamentos 177
Rotina de e-mails 183

Seção 6. *Uso descontrolado da internet e das redes sociais*

19. O grande engano 189
20. O que acontece com o seu cérebro quando você surfa na *internet* 197
21. Alimente o lobo certo quando estiver *on-line* 205
22. Evite o acesso infindável na busca de notícias nas redes sociais 211
23. A mentalidade de colmeia hiperativa na obsessão *on-line* 219
24. A busca incessante por perfeição 225
Rotina para surfar na internet 229
Rotina para o acesso às redes sociais 231

Seção 7. *A apresentação interminável*

25. Venda uma ideia em apenas 7 minutos 237
26. Como funciona o período de atenção continuada 245
27. Feche o negócio na sua apresentação 251
Rotina de apresentação 254

Seção 8. *Velhas reuniões tediosas*

28. Por que as melhores reuniões são curtas 259
29. Resolva problemas em 7 minutos 267
30. Como dar foco às suas reuniões e ao seu tempo 271
Rotina de reuniões 274

Epílogo: Terminando com uma boa ata 277

Bibliografia 281

AGRADECIMENTOS

Escrever um livro é um exercício de produtividade extrema. Não se resume apenas a pesquisar, estruturar e redigir o conteúdo. Requer a perseverança necessária para manter o foco e concluir o projeto. Precisei depender bastante de café para me ajudar a digitar mais rápido (imagine um ratinho de laboratório altamente cafeinado, e você entenderá do que estou falando) e então precisava cavar fundo em busca de motivação interna.

Ao longo de um ano e meio, passei muitas horas lendo livros e artigos, fazendo anotações em um diário e seguindo as minhas rotinas. Produtividade é tanto uma decisão quanto uma mentalidade. A maioria de nós não se torna produtivo de uma hora para outra, mas desenvolve bons hábitos de produtividade ao longo do tempo.

Escrever um livro testa esse conceito como nada mais consegue testar. Se os hábitos de que você necessita para escrever um livro ainda não se desenvolveram — por exemplo, você não para de checar o telefone para ler mensagens de texto enviadas pelos filhos ou escolhe um controle de videogame, em vez do teclado — não passará do primeiro capítulo.

Por isso, foi tão recompensador olhar para trás e pensar nas pessoas que me ajudaram a escrever este livro. São aqueles que me impulsionaram a seguir adiante, um passo de cada vez, lembrando-me do propósito mais profundo por trás dessa iniciativa, e até me levaram uma xícara de café quando necessário.

Meu agente, Jim Hart, de fato transformou o sonho em realidade. Suas conexões no setor editorial, atenção nos detalhes e encorajamento constante tornaram tudo possível desde o primeiro dia.

Em segundo lugar, a minha gratidão vai para Vicki Crumpton, diretora-executiva da Revell. Que colaboradora maravilhosa durante as etapas iniciais da proposta e ao longo de todo o processo, até as revisões finais! Toda a equipe da Revell agiu em espírito de união e visão compartilhada. Sem eles, este livro jamais teria se materializado. Também sou muito grato aos leitores e pesquisadores dos originais: Rachel, Katie, Jade, Annie, Ellie, Chyelle, Richard, Kaylyn, Stephen, Joe, Shayna, Ginny, Linsey e Collin.

A produtividade também possui um elemento geográfico. Refugiei-me várias vezes nas cabanas de oração da Wilderness Fellowship em uma parte remota do estado de Wisconsin, em geral sem uma boa conexão com a *internet* — obrigado, Senhor! Enfurnei-me em hotéis e parques regionais, pedindo comida por aplicativo e lanchando charque desidratado. O silêncio e a reflexão que vivenciei no retiro King's House, na cidade de Buffalo, Minnesota, ajudaram-me a permanecer focado.

Os autores Mark Buchanan, Jordan Raynor, Nir Eyal, Cal Newport, Ryder Carroll, Bob Goff, Chris Bailey, Matt Perman e muitos outros foram constantes companheiros, enquanto me debruçava sobre seus livros, mas também quando mandei e-mails e conversei ao telefone. Sou eternamente grato a Mark Buchanan, um dos meus autores favoritos de todos os tempos, que disse coisas tão positivas sobre os originais deste livro e me inspirou a perseverar.

Depois de mais de 34 anos de casado, há uma pessoa que instigou mais do que todos a minha chama da produtividade. Nós fazemos trilhas em meio à floresta densa, conversando sobre planos futuros e os observando se tornar realidade, com os olhos arregalados de deslumbramento. Debatemos juntos as nossas decisões de vida, orando nas primeiras horas da manhã até encontrar respostas claras, ordenadas por Deus. Minha vida não seria a mesma sem a minha esposa Rebecca, nem este livro. Durante o processo, os meus filhos adultos e seus cônjuges se tornaram os meus raios de esperança. Rachel (e Jonas), Hannah (e Eddie), Katie (e Blake) e Joshua, todos vocês são grandes presentes.

Por fim, devo tudo ao meu Senhor e Salvador Jesus Cristo, que me deu as palavras certas e me ajudou a encontrar favor. Como diz Provérbios 16.9, "Em seu coração o homem planeja o seu caminho, mas o SENHOR determina os seus passos" e, conforme pude perceber, ele me ajudou a escrever este livro.

INTRODUÇÃO

O segredo do seu futuro se
esconde na sua rotina diária.
Mike Murdock

Estava preocupado com o meu computador.

Ali estava eu, caminhando sobre um lago congelado em Minnesota, enquanto o sol arqueava sobre o horizonte. Em meio à luz da manhã, eu parecia o aventureiro Bear Grylls,[1] com a barba desgrenhada e um chapéu de lã. Poderia ter atravessado o gelo de carro, mas, nesse caso, qual seria a graça? Ainda assim, não queria perder tempo. À minha frente, conseguia enxergar o meu destino: uma ilha particular a cerca de 1,5 quilômetro de distância. Meu amigo dissera que eu poderia usar o chalé dele, e eu tinha a intenção de aproveitar cada segundo. Meu computador não era tão resistente assim, e a temperatura estava congelante.

Foi nesse instante que olhei para o relógio. Eram sete horas da manhã e o desjejum gritava o meu nome. Calculei depressa quanto tempo a minha longa caminhada levaria. "Você conseguirá!", disse a mim mesmo algumas vezes. Atrás de mim, eu puxava um

[1] Edward Michael Grylls ficou conhecido como *Bear Grylls*. Serviu nas Forças Especiais Britânicas (SAS), é aventureiro, escritor, apresentador de televisão, montanhista e biólogo, tornou-se famoso ao apresentar o programa À prova de tudo e também No pior dos casos, na Discovery. Nesses programas, Grylls precisa demonstrar técnicas de sobrevivência em situações adversas para voltar para a civilização sem ajuda nem mesmo da equipe que o acompanha, exceto em caso de vida ou morte. Por se sujeitar a situações extremas, sem condições de higiene adequadas, sua aparência é considerada inadequada a ambientes formais durante as aventuras. [N. do E.]

trenó que carregava os itens essenciais para sobrevivência: um saco de dormir, comida e outro par de botas.

A primeira coisa que percebi ao chegar no chalé foi que a neve havia construído um muro ao redor dele, fazendo-o parecer uma fortaleza pessoal. Digitei um código para abrir a porta e guardei a mochila e os outros equipamentos.

Ainda me lembro de quanto o computador estava gelado. Imaginei que ele havia travado durante a trilha invernal. Peguei um pouco de lenha e acendi a lareira. Cozinhei alguns ovos, montei um escritório temporário e me assentei à mesa. Suspirando aliviado, ouvi o computador reiniciar e ganhar vida.

Estava prestes a começar a escrever o meu primeiro livro, mas, antes de acessar a conexão à *internet* no celular e abrir o processador de texto, decidi fazer algo que pratico quase todos os dias ao longo dos últimos 20 anos.

Meus dedos estavam um pouco rígidos, mas abri um diário e peguei uma caneta. "Preparar o espaço de trabalho", lembrei-me. Separei uma lanterna e uma caixa de fósforos, organizei o espaço à minha frente e ajeitei a cadeira. Coloquei o relógio virado para baixo na mesa e guardei o telefone em um compartimento com zíper. "Respirar fundo, exatamente por um minuto", pensei. Enquanto a luz do sol transparecia por entre as árvores, escutei o crepitar da fogueira ao meu lado e desfrutei a sensação quentinha nas pernas. "Anotar os pensamentos para o dia, evitando fazer uma lista completa de tudo." O que está me estressando e preocupando? O que me dá esperança? Como as minhas tarefas correspondem ao meu propósito?

Por fim, li as anotações que havia feito e circulei o item mais importante: *escrever um capítulo do livro*. Estava pronto para começar a trabalhar!

É uma rotina simples, mas lembro que me senti relaxado e calmo. Os acessórios mais importantes de um autor são seus dedos. Eles estavam preparados, prontos para digitar. Enquanto o vento se dissipava e eu pensava em fazer *steak* para o almoço, terminei o capítulo inteiro em uma única sentada.

POR QUE PRECISAMOS DE ROTINAS

As rotinas nos ajudam a formar novos hábitos. Quando acordamos de manhã, nós tomamos banho, escovamos os dentes e penteamos o cabelo. São hábitos de higiene pessoal. No trabalho, ligamos o computador, abrimos o *browser* e conferimos os e-mails. Esse hábito nos ajuda a mergulhar no trabalho mais depressa. Distraio-me com facilidade e tenho diversos momentos de agitação aleatória ao longo do dia. Por isso, preciso de rotinas que me guiem, como o diário no qual escrevi aquela manhã no chalé.

O diário é uma das diversas rotinas que explicarei neste livro. Escrever em um diário toda manhã ajuda você a organizar os seus pensamentos, para que se torne mais intencional com o seu tempo. Terminar o dia com uma reflexão diária pessoal é uma rotina que ajuda a avaliar o que você conseguiu realizar e por quê. Há até mesmo uma rotina para ajudá-lo a fazer uma pausa com mais eficiência. O café é opcional!

Em todas essas rotinas, você aprenderá a administrar o tempo com maior eficiência e a encontrar harmonia entre *o que você faz* e *as coisas que são importantes para você*.

O contrário disso? Não é nada bom. A segunda metade deste livro explica o que acontece quando maus hábitos como a obsessão pelas redes sociais nos impedem de alcançar o que é significativo e desejável.

O oposto de uma rotina é um ciclo vicioso que não nos leva a lugar nenhum — também conhecido como mau hábito. Talvez você tenha a mania de conferir os e-mails com frequência demais ou navegar pela *internet* o dia inteiro no trabalho. Sei exatamente como é! É uma caminhada difícil, lenta e agonizante na direção errada, para alcançar metas sem importância.

Quando nos sentimos estressados, cansados e famintos — nos altos e baixos da vida —, uma rotina nos ajuda a voltar para os trilhos. O autor Greg McKeown exprime isso muito bem: "As rotinas certas nos dão o equivalente a uma recarga de energia. Em vez de gastar o nosso estoque limitado de disciplina para tomar as mesmas decisões vez após vez, inserir as nossas escolhas em uma rotina nos ajuda a canalizá-la rumo a outra atividade essencial".[2]

***

De volta à ilha, fechei o computador. Há uma sensação de bem-estar proveniente da conclusão de tarefas. Fiz uma fogueira do lado de fora e preparei uma sopa para o jantar, tarde da noite. No meu diário, comecei a sessão diária de reflexão. "Anotar a maior realização do dia". Essa foi fácil! Escrevi um capítulo inteiro de um livro e não me queimei na fogueira (cozinhar ao ar livre não é meu forte). "Escrever o maior estresse". Chegar à ilha não foi fácil. Achei que o meu computador estava arruinado. "Observar se as suas tarefas correspondem aos seus objetivos de longo prazo". Isso também foi fácil. Estava escrevendo um livro, um sonho que havia alimentado ao longo da vida inteira até então.

Após a reflexão, deitei-me no beliche e peguei no sono. As rotinas daquele dia me colocaram a caminho da produtividade.

As rotinas dão o tom da eficiência, ajudando a desenvolver bons hábitos que duram a vida inteira.

Um bom hábito significa dirigir na pista rápida. Aperte os cintos e se segure firme para a jornada! Você chegará ao seu destino depressa e com eficiência.

Um mau hábito significa que você está na pista lenta ou, pior ainda, preso no acostamento. As distrações e os desvios constantes

---

[2] McKeown, Greg. **Essentialism**: The Disciplined Pursuit of Less. New York: Random House, 2014, p. 207-208.

impedem o seu progresso. O filósofo William James escreveu certa vez: "Quanto mais detalhes da nossa vida diária entregarmos aos cuidados sem esforço do automatismo, mais os nossos poderes elevados da mente estarão livres para fazer seu trabalho adequadamente".[3]

Este livro apresenta nove rotinas úteis para acelerar a sua produtividade ou ajudá-lo a se livrar dos maus hábitos. Você só precisa investir sete minutos em cada uma delas. É isso! Se você seguir essas rotinas, focará no mais importante e se tornará uma pessoa extremamente produtiva.

E o mais importante: você experimentará o que chamo de *produtividade com propósito.* Conforme observou o autor e especialista em marketing Ryan Holiday, "Uma boa rotina é não só uma fonte de muito conforto e estabilidade, mas também a plataforma a partir da qual é possível fazer um trabalho estimulante e realizador".[4]

***

Antes de prosseguir, há algo sobre o qual vale a pena refletir: cientistas descobriram que podemos prestar muita atenção em algo por cerca de cinco a dez minutos antes que o nosso cérebro comece a perder o foco e a se desligar como uma lâmpada.[5] (Dividi a diferença e estabeleci rotinas com sete minutos de duração).

Você pode estar ouvindo uma aula na escola, assistindo à apresentação de um dos seus colegas de trabalho ou conferindo

---

[3] Popova, Maria. "William James on the Psychology of Habit", **BrainPickings**, 25 de setembro de 2012. Disponível em: <https://www.brainpickings.org/2012/09/25/william-james-on-habit>. Acesso em: 16 set. 2024.

[4] Holiday, Ryan. **Stillness Is the Key**. London: Portfolio, 2019, p. 200.

[5] Bunce, Diane M.; Flens, Elizabeth A.; Neiles, Kelly Y. "How Long Can Students Pay Attention in Class? A Study of Student Attention Decline Using Clickers", **Journal of Chemical Education** 87, n. 12, 22 de outubro de 2010, p. 1838-1843. Disponível em: <https://doi.org/10.1021/ed100409p>. Acesso em: 16 set. 2024.

os e-mails. Após sete minutos, o seu cérebro precisa de uma pausa. Os neurônios começam a reduzir a velocidade quando permanecemos focados tempo demais. É por isso que só peço por um período curto para seguir as rotinas. Elas são intencionalmente básicas, a fim de ajudar você a manter o foco.

Você também pode seguir as rotinas a qualquer momento ou lugar ao longo do dia — digamos, em um chalé no meio do nada ou na sua escrivaninha antes de uma reunião. Você pode segui-las em casa ou em um avião, voando para o outro lado do mundo. Pode segui-las no ônibus ou no carro. Talvez pareça que estou escrevendo um livro infantil, com tantas repetições, mas pode ter a certeza: as rotinas funcionam! Sei disso porque as tenho usado há anos. Focar a sua atenção em *uma coisa* por apenas sete minutos minimiza as distrações. Escolha as rotinas que funcionam melhor para você e não se preocupe em realizar todas elas.

Você aumentará a sua produtividade, mas também abrirá mais espaço na agenda a fim de dedicar o seu esforço nas coisas que importam de verdade.

PRODUTIVIDADE COM PROPÓSITO

Minha jornada rumo à *produtividade com propósito* começou com uma grande mudança de carreira. Eu era gerente no mundo corporativo, mas a minha esposa sugeriu que me tornasse escritor. Eu me tornei escritor em tempo integral em 2001.

A minha esposa me incentivou a seguir a minha paixão — e a usar a minha formação em jornalismo — para um trabalho mais cheio de propósito. Desde então, já escrevi relatórios para a Fox News sobre a proteção de crianças *on-line*,[6] entrevistei famosos

---

[6] BRANDON, John, "Is Google Doing Enough to Protect Kids from Disturbing YouTube Videos?", **Fox News**, 9 de setembro 2019. Disponível em: <https://www.foxnews.com/tech/google-kids-disturbing-youtube-videos>. Acesso em: 16 set. 2024.

como Francis Chan[7] e Andy Stanley.[8] [9] E, certa vez, escrevi uma reportagem sobre uma comunidade eclesiástica que iniciou um projeto singular de serviço comunitário.[10] Nas minhas colunas, tenho escrito com mais frequência sobre produtividade e sobre o equilíbrio entre vida pessoal e trabalho.

O trabalho é parte do que torna todos nós humanos. Ele nos ajuda a encontrar sentido na vida, servir os outros e nos ver como parte de algo maior do que nós mesmos. A alternativa ao trabalho é viver como uma lesma, desperdiçando a vida em buscas desprovidas de significado, também conhecidas como *assistir à televisão.*

Não é uma questão de saber se devemos trabalhar e correr atrás, mas, sim, *de como trabalhamos* e *do que tentamos realizar na vida.* Essas são as questões importantes.

Quando enxergamos o trabalho como uma busca significativa e uma parte do que representa ser humano, é muito mais fácil deixar de lado a necessidade de sucesso constante e reconhecimento. Trabalhar duro é algo que já está enraizado em nosso DNA. Podemos não arar mais os campos à mão, mas entendemos que o trabalho é um esforço nobre. Nossa produtividade pode envolver uma campanha de marketing no escritório, trabalhos escolares em casa com os filhos ou a construção de uma grande empresa.

Uma vez que nós, seres humanos, fomos projetados para trabalhar duro e encontrar satisfação na labuta e no esforço, podemos ficar tranquilos. Já temos o impulso e o anseio por alcançar

[7] Id., "Crazy Passion", **Christianity Today**, 16 de outubro de 2009. Disponível em: <https://www.christianitytoday.com/ct/2009/october/30.42.html>. Acesso em: 16 set. 2024.

[8] Id., "5 Signs Your Employees Are about to Turn against You", **Inc.**, 21 de dezembro de 2015. Disponível em: <https://www.inc.com/john-brandon/5-signs-your-em ployees-are-about-to-revolt-against-you.html>. Acesso em: 16 set. 2024.

[9] Tanto Francis Chan quanto Andy Stanley são escritores renomados, palestrante reconhecidos e líderes eclesiásticos respeitados. [N. do E.]

[10] Id,. "Oaks of Righteousness", **Alliance**. Disponível em: <https://www.cmalliance.org/alife/oaks-of-righteousness/>. Acesso em: 12 abr. 2021.

coisas grandiosas. Não precisamos provar o nosso valor, uma vez que o valor é intrínseco ao simples fato de sermos humanos. Podemos desconsiderar a necessidade de sucesso constante quando nos damos conta disso. Nós respiramos, comemos, trabalhamos.

Mesmo que você já seja produtivo, pode aprender com as rotinas deste livro. Todos nós podemos melhorar, como diria o velho e sábio mestre Yoda.

Todos temos 24 horas em um dia. Respiramos cerca de 20 mil vezes por dia.[11] Temos cerca de 50 a 70 mil pensamentos por dia.[12] Estamos todos juntos nessa, lutando para aprender, crescer e nos tornar melhores no que fazemos. A pergunta mais importante é: o que você fará com as suas 24 horas, 20 mil respirações e 50 mil pensamentos? Para onde eles o levarão?

***

Enquanto pesquisava sobre formação de hábitos para este livro e como as pessoas se tornam produtivas e bem-sucedidas, descobri alguns temas recorrentes.

Li todos os melhores autores, incluindo Adam Grant, Nir Eyal, James Clear e Dan Heath. Eles continuam enfatizando as mesmas coisas: os hábitos se formam quando seguimos uma rotina predeterminada. A melhor rotina leva aos melhores resultados. Pense na experiência de conduzir um carro. Primeiro, você aprende a usar o acelerador e os freios, depois aprende a dirigir. Com o tempo, pisar no acelerador e no freio se torna automático. Não precisamos

[11] Brown, Ann. "How Many Breaths Do You Take Each Day?", **EPA Blog**, 28 de abril de 2014. Disponível em: <https://blog.epa.gov/2014/04/28/how-many-breaths-do-you-take-each-day/>. Acesso em: 16 set. 2024.

[12] Carroll, Ryder. "How to Declutter Your Mind – Keep a Journal", vídeo no YouTube, 12:50, publicado por "Tedx Talks", 20 de janeiro de 2017. Disponível em: <https://www.youtube.com/watch?v=ym6OYelD5fA>. Acesso em: 16 set. 2024. Carroll fala 500 mil, mas obviamente quis dizer 50 mil; confira Ryder Carroll, "The Mental Inventory", Bullet Journal. Disponível em: <https://bulletjournal.com/blogs/bulletjournalist/mental-inventory>. Acesso em: 12 abr. 2021.

pensar nisso. Mas, quando nos envolvemos em multitarefas, acabamos perdendo o foco. Fique de olho! Você ainda não dominou o freio! Os hábitos também formam quem nós somos. Isso é bem assustador se os seus hábitos envolverem fumar ou jogar *videogame* o dia inteiro.

Algumas das rotinas que abordarei em cada seção aqui são semelhantes às encontradas em outros livros sobre produtividade, mas a novidade é que elas dizem respeito a mais do que se tornar uma pessoa melhor e desenvolver mais habilidades. A meta é *tornar-se quem você foi feito para ser o tempo inteiro.* O objetivo é fazer o nosso trabalho com isto em mente: como seres humanos, fomos criados para trabalhar. Podemos até suar e labutar o dia inteiro, mas o faremos com integridade, honra e foco claro.

Conforme o autor Mark Buchanan me disse certa vez: "Sempre precisamos justificar o que fazemos em uma escala oculta de valores. Isso não é ruim. Mas existe outro motivo para sermos produtivo: sou produtivo porque fui criado à imagem de Deus. Se eu negar isso, estou negando o Todo-Poderoso".[13]

Tim Keller escreveu sobre isso no livro *Every Good Endeavor* [Toda boa obra]: "Se o propósito de Deus para o seu trabalho é que você sirva a comunidade, então a nossa melhor maneira de servir a Deus é fazer esse trabalho da melhor forma possível".[14]

MINHA HISTÓRIA

Nem sempre fui tão produtivo e cheio de propósito. Durante a juventude, eu me entediava com facilidade e não conhecia as técnicas básicas de produtividade.

---

[13] BUCHANAN, Mark. Entrevista por telefone com o autor, 12 de agosto de 2020, transcrição e gravação em áudio disponíveis.

[14] KELLER, Timothy. **Every Good Endeavor**: Connecting Your Work to God's Work. New York: Penguin, 2014, p. 67.

A transformação radical nos meus hábitos de trabalho ocorreu quando comecei a escrever como jornalista em tempo integral. Ao longo dos últimos 20 anos, escrevi 15 mil artigos para publicações importantes como *Inc.*, *Forbes*, *Popular Mechanics*, *Wired* e *Entrepreneur*. Há poucos jornalistas em tempo integral em atividade hoje que se equiparam ao meu total de publicações em uma gama tão ampla de assuntos. Não estou aqui tentando me gabar com humildade. É surpreendente para mim e um crédito à minha fé em Deus e dependência nele, juntamente com o uso das técnicas deste livro.

Minha grande explosão de produtividade começou em 2008, quando escrevia uma coluna *on-line* diária para *Inc.* Ao longo de mais de uma década, escrevi 4 mil colunas sobre liderança, mentoria, tecnologia e outros assuntos, postando, em alguns períodos, duas vezes por dia (para aqueles que estão questionando a matemática). Somando tudo, cerca de meio milhão de pessoas acompanhava a minha coluna todos os meses.

Isso significa que por volta de *60 milhões de pessoas* leram a minha coluna diária sobre negócios no website Inc.com e na revista desde 2008. Esse total não inclui o que escrevi para a Forbes.com, nem a antiga coluna semanal para a FoxNews.com, que também remonta a 2008. Escrevi milhares de artigos para muitos outros canais de comunicação também. Além disso, consigo fazer malabarismo, preparar panquecas e recitar poemas ao mesmo tempo. Brincadeira! Talvez tenha levado isso longe demais, mas, para ser honesto, sou extraordinariamente eficiente. Já escrevi no mínimo uma dúzia de artigos apenas sobre Elon Musk!

Um destaque aconteceu em 2015, quando escrevi sobre a rotina matinal de sete minutos para Inc.com.[15] Para a minha surpresa

---

[15] BRANDON, John, "This 7-Minute Morning Routine Will Change Your (Work) Life", **Inc.**, 19 de maio de 2015. Disponível em: <https://www.inc.com/john-brandon/this-7-minute-morning-routine-will-change-your-work-life.html>. Acesso em: 16 set. 2024.

e empolgação, o artigo viralizou. Até hoje, cerca de 2 milhões de pessoas leram aquele guia simples sobre como ter uma rotina matinal, e milhares de pessoas têm seguido o meu formato. Este livro é resultado de ver como a rotina matinal tem ajudado tantas pessoas a se tornarem produtivas.

Conto tudo isso boquiaberto e deslumbrado. Precisei de uma calculadora para descobrir o que estou prestes a dizer, mas, ao longo de mais de 20 anos, estimei uma produção total de cerca de *18 milhões de palavras*, com uma média de cerca de mil palavras por artigo. Dá para buscar no Google quase todos eles. Isso é assombroso para mim![16]

***

As pessoas costumam me perguntar como isso é possível. Em geral, respondo: "É o meu trabalho".

Ainda assim, a aplicação das lições de produtividade deste livro lhe poupará tempo, melhorará seu processo pessoal, produzirá resultados melhores e até o ajudará a ter uma vida mais satisfatória. Uma rotina é o motor que o ajudará *de fato* a desenvolver novos hábitos — começando hoje. Existe um método nessa loucura. Se fomos projetados para trabalhar, devemos administrar esse trabalho da melhor maneira que pudermos.

Há momentos em que ouço sobre produtividade extrema e concordo com a cabeça. "É isso mesmo! É assim que eu sou".

---

[16] Segue a lista das publicações com as quais colaborei desde 2001: Inc.com, Forbes.com, Wired, Popular Mechanics, Entrepreneur, TechRadar, Popular Science, Computerworld, CIO.com, CIO Insights, The Ladders, Business News Daily, Business 2.0, CSO, FoxNews.com, Chicago Tribune, Outside, Men's Journal, New Man, Christianity Today, Paste, Relevant Magazine, TechHive.com, PC Magazine, PC World, CIO Traction Watch, VentureBeat.com, Baseline, Breakaway, Campus Life, InSite Magazine, Alliance Life, Beacon, Coastal Living, Computer Shopper, Macworld, MacUser UK, PC Plus Magazine, Windows Magazine, Linux Format, Shutterbug, Digital Photo Pro Magazine, GamesRadar.com, Games Domain.com, GameZone.com, Electronic Gaming Monthly, How It Works, Gizmodo, *Laptop*, PC Upgrade, Tech Edge, MIT Technology Review.

Contudo, alguns dos conselhos de produtividade que encontrei me deixaram com uma sensação meio incômoda. Não existe mais nada além disso? Melhorar como pessoa? Pequenas mudanças de aperfeiçoamento pessoal? Tornar-se mais bem-sucedido para ganhar mais dinheiro? Não pode ser só isso, deve haver mais!

Ao pesquisar para este livro, senti como se as leis naturais de formação de hábitos e desenvolvimento pessoal não fossem satisfatórias. Não desejo *apenas* ser uma pessoa melhor. Não quero ser o guru dos e-mails; nem gosto de e-mail! Decidi que o real motivo para nos tornarmos mais eficientes é porque isso honra quem somos como seres humanos. Somos, no âmago, *bons trabalhadores*. Escolhi me tornar intencional com o meu tempo porque o meu tempo neste planeta é limitado.

Ao trabalhar com propósito, não precisamos seguir as mesmas velhas rotinas e práticas. A cada dia, podemos criar hábitos e romper com antigos. Começando agora mesmo, podemos dizer: "Hoje, trabalharei duro. Hoje, abraçarei a mudança. Hoje, começarei a usar novas rotinas, para formar novos hábitos".

Um dia de cada vez. Uma rotina de cada vez.

Você pode encontrar mais propósito em seu trabalho. Olhar para trás e perceber que aproveitou ao máximo os recursos à sua disposição. Encontrar harmonia entre suas tarefas e seu propósito. Tomar boas decisões sobre o seu modo de vida.

E, se você errar, tudo bem. Sempre é possível começar de novo amanhã.

Aqui está o segredo da *produtividade com propósito*: a ênfase está no *propósito*. Nós trabalhamos duro, administramos o tempo e extraímos muito conforto do fato de trabalharmos por bons motivos e para bons resultados.

Estamos prontos para começar uma jornada não de mero autodesenvolvimento, mas para desfrutar uma vida mais satisfatória e recompensadora, a fim de nos tornarmos mais produtivos, porque é assim que fomos criados para ser: trabalhar com alegria. Você está pronto? Aperte os cintos para a jornada. Vamos pisar fundo, começando com a rotina matinal que me ajudou a escrever o meu primeiro livro naquele chalé tanto tempo atrás.[17]

[17] Caso você esteja se perguntando, apliquei as mesmas rotinas para escrever este livro também. Até voltei para a ilha — dessa vez, no verão!

PARTE 1

CULTIVE BONS HÁBITOS

SEÇÃO

Rotina matinal

Você só mudará a sua vida quando mudar algo que faz todos os dias. O segredo para o sucesso se encontra na sua rotina diária.

JOHN MAXWELL

1

DEFINA O QUE É SIGNIFICATIVO

Foi o maior fracasso da minha vida. Em 18 de setembro de 2001 — apenas uma semana após o Onze de Setembro — perdi o emprego. Eu era gerente corporativo e dirigia por 45 minutos para chegar ao trabalho em meio ao trânsito carregado. Usava gravata e sapato social. Administrava uma grande equipe, que incluía *webdesigners* e redatores. Estava em ascensão rápida dentro de uma empresa de eletrônicos de consumo, destinado a me tornar vice-presidente e liderar um departamento inteiro.

Até que tudo desabou.

Cheguei ao trabalho e o meu chefe me levou a uma sala de conferências, onde estavam alguns advogados e uma papelada jurídica para assinar. Nada bom! A economia afundava mais rápido que um saco de tijolos em uma piscina. Eu precisava concordar com um pacote demissional e ir embora no mesmo dia. Meu chefe me conduziu até a porta de entrada da empresa e pegou o meu cartão de acesso.

— Sinto muito por precisarmos fazer isso com você — ele disse, de cara meio fechada.

Digamos que foi um longo trajeto de volta para casa.

Na manhã seguinte, acordei com o nascer do sol. Com quatro filhos em casa, dois deles recentemente desfraldados, eu sabia que precisava agir rápido. A parcela do financiamento imobiliário estava prestes a vencer e a minha primogênita precisava colocar aparelho nos dentes. Pensei em procurar um advogado, mas me dei conta de que provavelmente acabaria entrando em um beco sem saída.

À mesa da cozinha, sentei-me com um diário e uma caneta, escrevi os meus maiores temores, os meus mais profundos arrependimentos e os meus maiores sonhos. "Será que um dia escreverei um livro? Conseguirei fazer um ministério com estudantes algum dia? Por que fui o primeiro a ser dispensado nessa redução do quadro de funcionários?". Fiz uma anotação sobre querer mais da minha carreira. Ainda tenho essas folhas de papel amarelado em um diário desgastado pelo uso.

Decidi anotar os meus pensamentos toda manhã. Era a única forma de lidar com o desapontamento profundo de perder o emprego — de cair de uma forma tão óbvia diante dos meus amigos e familiares. Não tenho um salário mensal regular em um emprego no mundo corporativo desde então e explicarei mais sobre a minha história depois, mas o que extraí de fato dessa experiência foi este livro. Cerca de 15 mil artigos e 20 anos depois, o meu maior fracasso conduziu ao meu maior sucesso profissional.

Foi naquele dia que decidi me tornar escritor!

Aliás, foi a minha esposa Rebecca quem deu a ideia. Ela sabia que eu era formado em jornalismo. Sabia também que eu tinha o anseio profundo de compartilhar os meus pensamentos e as minhas ideias, colocar palavras na página em branco e ganhar a vida como escritor profissional. Ela sabia que eu não era feliz como diretor em um departamento de tecnologia da informação. (É bem possível que eu reclamasse o tempo inteiro sobre isso). Naquele dia, não só comecei a escrever em um diário para organizar os meus pensamentos, mas também iniciei a minha carreira de escritor.

Reuni renda suficiente para sustentar a minha família. Bem, quase. Meu cunhado costumava sentir pena de mim e deixava compras de supermercado à nossa porta.

Precisei contratar um plano de serviços médicos e um seguro-saúde altamente dedutível do imposto de renda. Demorou um ano para eu conseguir vender o meu primeiro artigo para uma revista chamada *Laptop*. Tornei-me o "cara do roteador" naqueles primeiros anos, fazendo *reviews* de aparelhos de Wi-Fi e recebendo os cheques com alegria ao fim do mês. Em 2003, comecei a escrever com frequência para a Wired.com e então para o *Chicago Tribune*. Por dois anos seguidos, lá naquela época, comecei meus dias escrevendo em um diário.

Durante aquele período, tentei descobrir como permanecer produtivo e fazer o melhor uso do tempo. Continuei a anotar os meus maiores desafios do dia, estresses por vir e metas abrangentes. Ao escrever no diário — em geral acompanhado de café —, definia o tom de produtividade do dia inteiro. Calibrava os meus pensamentos, circulava os desafios, riscava todos os elementos de estresse e relembrava as minhas ambições. Funcionou. Criei uma rotina que se tornou um hábito.

Mais de 20 anos depois, continuo a usar a mesma rotina básica.

POR QUE COMEÇAR A ESCREVER EM UM DIÁRIO?

Os autores Gary Keller e Jay Papasan, no *best-seller* de 2013, *A única coisa: a verdade surpreendentemente simples por trás de resultados extraordinários* mencionam uma estatística curiosa sobre o hábito de escrever em diários. A grande questão é que, quando anotamos as nossas metas e aspirações, temos 39,5%

mais chance de alcançá-las.[1] Eles não explicam o motivo, mas podemos dar um palpite educado: é porque oficializamos as coisas.

Há algo de especial em anotar um pensamento que fixa a informação no nosso cérebro. Keller e Papasan dão um passo além e explicam que registrar uma meta e então buscar prestação de contas — por exemplo, enviando um e-mail a alguém sobre isso — significa que temos uma probabilidade 77,6% maior de alcançar esse objetivo.[2]

Os autores transmitem uma ideia muito válida. São poucas as coisas que *importam de verdade*. Quando as registramos, decidimos o que é importante e do que nos lembraremos. Quando deixamos o caos reinar e permitimos que múltiplas prioridades existam e guerreiem uma contra a outra, acabamos sem alcançar nada. O que me levou a começar a escrever em um diário há tanto tempo e me faz continuar a escrever hoje é que quero registrar o que é realmente importante e ponderar sobre isso. Quero que as minhas atividades diárias correspondam às minhas maiores ambições na vida.

Existem muitas coisas na vida que definem o nosso propósito. Às vezes, é o chefe. Ele nos dá uma descrição de trabalho quando assumimos uma nova função e todas as reuniões em seguida servem para nos orientar em relação a esse propósito. *Estamos atingindo os padrões da descrição de função? Estamos realizando as atividades mais importantes de que a empresa precisa?*

Quando resistimos ao sistema e criamos as próprias regras em relação ao que importa, sem alinhar as nossas tarefas com as nossas ambições, acabamos em um lugar no qual somos livres para criar a nossa própria definição sobre a vida e tomar as decisões todos os dias. Isso se chama *fila do desemprego*.

---

[1] Keller, Gary; Papasan, Jay. **The ONE Thing**: The Surprisingly Simple Truth Behind Extraordinary Results. Austin: Bard Press, 2014, p. 187.

[2] Ibidem.

Durante a infância, os pais definiam o nosso propósito e especificavam as tarefas do dia. Outros continuaram a ditar a nossa agenda na faculdade, no casamento e na vida em geral. À medida que envelhecemos, é claro, há momentos em que imaginamos ter mais liberdade. Mas as distrações constantes da vida e as oportunidades maravilhosas que temos no trabalho se tornam uma balbúrdia de confusão, competição e caos.

Quando adultos, temos um montante extraordinário de liberdade — podemos parar na sorveteria a qualquer hora que quisermos e comprar um *sundae* triplo. No entanto, com toda essa liberdade, quantos de nós são perfeitos em estabelecer metas diárias e sempre realizam as tarefas mais importantes? Sei que estou distante desse ideal. Vou à sorveteria às vezes, e tudo bem fazer isso de vez em quando. Há ocasiões em que fico frustrado por desperdiçar tempo sem intenção e não alcançar as minhas metas.

Boas rotinas como escrever em um diário toda manhã ajudam você a analisar o que é importante e deixar para depois as prioridades mais baixas. Você define significado e propósito na vida um dia de cada vez. Você minimiza o impacto de fatores externos como o estresse ou uma agenda apertada que costuma definir as nossas prioridades e aprende a se defender das constantes distrações.

Pergunte-se: As tarefas que você está concluindo são as que deseja mesmo realizar? Elas correspondem ao seu chamado? Agregam à pessoa que você pretende ser, ou são elas que definem você em seus próprios termos?

BOAS INTENÇÕES

A boa produtividade começa tanto com a priorização quanto com a realização eficaz das tarefas, de modo intencional. Depois que comecei a registrar no diário os meus desafios, fatores de estresse e ambições, as tarefas do dia se tornaram parte de um retrato mais completo, que eu estava criando e recalibrando.

O diário ajuda você a manter um registro do que está dando certo e daquilo que o distrai e o leva a sair dos trilhos. É mais do que uma maneira de organizar as coisas. Trata-se de uma maneira de se lembrar de que você tem uma missão e um propósito na vida. E que há um jeito de alcançar esse propósito caso você permaneça focado.

Escrever em um diário a cada manhã reserva pelo menos alguns minutos para você se compor durante um período definido. Conseguiu compreender? *Compor-se*, ou seja, *tornar-se quem você foi criado para ser.*

Tudo isso leva sete minutos. E só!

Antes de falar sobre a rotina pessoal, de escrever no diário e explicar como tudo funciona, é importante esclarecer um fator importante: pensamos com mais clareza pela manhã do que em qualquer outro período do dia, de acordo com a ciência.

Se conseguirmos separar alguns momentos após acordar para registrar o que está prestes a acontecer ao longo do dia, seremos produtivos.

Aqui está a melhor definição de *produtividade* que posso lhe dar: ser intencional sobre o que e por que você faz cada coisa durante o dia. Talvez você não seja muito matinal, mas a única maneira de definir *o que* e *por que* é fazer isso antes de partir para qualquer outra atividade. Além disso, conforme veremos, você é mais inteligente de manhã.

2

VOCÊ É MAIS INTELIGENTE DE MANHÃ

Estamos no ano de 1762. Um servo sobe depressa as escadas de um apartamento. Ele chega exatamente no mesmo horário toda manhã. As instruções são bastante claras: não acordar seu senhor até a hora certa.[1]

---

[1] A história de Immanuel Kant é uma junção de diversos fatos extraídos de fontes múltiplas: Currey, Mason. **Daily Rituals**: How Artists Work. New York: Knopf, 2013. P. 273, EPUB. Manson, Mark. "The One Rule for Life", Mark Manson. Disponível em: <https://markmanson.net/the-one-rule-for-life>. Acesso em: 21 ago. 2021. "A Philosophy of Walking: Thoreau, Nietzsche and Kant on Walking", **Farnam Street** (blog) Disponível em: <https://fs.blog/2014/05/a-philosophy-of-walking>. Acesso em 21 ago. 2021. "The Daily Habits of Highly Productive Philosophers: Nietzsche, Marx & Immanuel Kant", **Open Culture**, 3 de outubro de 2013. Disponível em: <https://www.openculture .com/2013/10/the-daily-habits-of-highly-productive-philosophers.html>. Baer, Drake. "The Workday Secrets Of The World's Most Productive Philosophers", **Fast Company**, 9 de outubro de 2013. Disponível em: <https://www.fastcompany.com/3019654/the-workday-secrets-of-the-worlds-most-productive-philosophers>. Acesso em: 16 set. 2024. Manson, Mark. "How To Be More Productive by Working Less", Mark Manson. Disponível em: <https://markmanson.net/how-to-be-more-productive>. Acesso em: 21 ago. 2021.

O servo para junto à porta, confere o horário e então espera com paciência. O relógio na parede mostra as horas e ele entra no quarto para cumprir seu dever:

— Levante-se, caro senhor! — anuncia, dando algumas batidas na cabeceira da cama e deixando uma panela de água quente e chá sobre a mesinha ao lado.

O homem olha para o servo com expressão entediada. Ele não está usando sua peruca, então o rosto dele parece um ovo cozido, e seu cabelo está fosco e embaraçado. (A verdade é que aparência dele era sempre essa).

O servo se retira, abaixa a cabeça e fecha a porta. A *Encyclopedia of Philosophy* [Enciclopédia de Filosofia] *on-line* descreve o homem a dormir como "peculiar e sorumbático" — um cara meio estranho, para falar a verdade.

Sentado sozinho no escuro, ele finalmente procura seu cachimbo. Está silencioso e meditativo, em um transe inerte. Traga o cachimbo por alguns minutos e decide preparar uma xícara de chá preto. É sempre da mesma marca e nunca forte demais. A cafeína não seria suficiente para energizar um rato, mas ele se sente revigorado. Não são nem 5h30 da manhã, mas ele já refletiu sobre os acontecimentos importantes do dia:

> Aula matinal
> Almoço no *pub*
> Longa caminhada
> Dormir

Ainda assentado no quarto escuro, ele procura seus livros e papéis. Então acende uma vela e faz anotações para sua aula na Universidade de Könisberg na Prússia (atuais Polônia e Rússia).

Exatamente às 7h, nem um segundo mais tarde, ele chega à sala de aula. Explica como uma sociedade depravada deve aderir à moralidade. "Da torta madeira da qual o ser humano é feito, nada de reto pode ser produzido", diz ele.[2] Que deprimente! Talvez ele precisasse de mais chá. O homem discursa sobre os males da sociedade moderna e a lei da ordem no governo.

Após a aula, exatamente às 11h, todos os dias, ele sai para almoçar no *pub*.

Consome apenas uma refeição por dia e nunca janta. Ele fica um pouco mais e conversa com os fregueses, que o conhecem pelo nome. Às 15h30, faz uma longa caminhada. Tem até um nome para isso. Chama-se "a caminhada filosófica", que segue uma rota despreocupada pelo centro de Könisberg. É sempre o mesmo percurso e a mesma rotina.[3]

Por que ele fazia isso? A mesma rotina todo dia: acordar na mesma hora, fumar o mesmo cachimbo, comer no mesmo *pub*. De 1762 até 1802 (cerca de 40 anos), seus vizinhos podiam ajustar o relógio para 15h30 quando ele começava sua caminhada diária.

Dá para imaginar a seguinte conversa:

Observador 1: Ali está o homem com cabeça em formato de ovo!

Observador 2: Já sei, me dê o relógio, vamos ajustar a hora.

O homem era Immanuel Kant, filósofo que escreveu alguns dos livros mais importantes sobre moralidade da história. Ele era um cara extremamente produtivo. Um dos principais motivos: acordava bem cedo de manhã e se mantinha firme a uma rotina diária. Nunca variava. Embora ser tão rígido não seja

---

2 "Immanuel Kant", Goodreads. Disponível em: <https://www.goodreads.com/quotes/1250366-from-such-crooked-wood-as-that-which-man-is--made>. Acesso em: 14 jul. 2021.

3 Essa história é um tanto quanto fabricada, com base em acontecimentos reais. Pense nela como um daqueles programas do History Channel, no qual as pessoas são claramente atores da Califórnia encenando o papel de heróis da Guerra de Independência dos Estados Unidos. A propósito, somente duas vezes na vida Kant divergiu de seu caminho predeterminado — uma vez para comprar um exemplar da primeira edição do livro de um amigo filósofo (a obra-prima de Jean-Jacques Rousseau sobre educação infantil chamada *Emílio*) e uma vez para comprar um jornal anunciando a Revolução Francesa.

o alvo, a rotina de Kant pode servir como um excelente ponto de partida.[4]

***

De que forma uma rotina matinal pode nos ajudar? Ela nos prende a um padrão, como tomar café da manhã às 7h todos os dias (se isso envolver *bacon*, melhor ainda!). Como você é capaz de seguir a rotina sem precisar pensar demais sobre o processo, desenvolve padrões de pensamento e hábitos que orientam as suas ações.

Toda boa rotina ensina você a seguir um hábito que *permanece*.

A rotina de Kant era rígida demais e até um pouco deprimente. Diminuir o chá e não comer ovos toda manhã poderia alcançar os mesmos resultados. Mas isso mostra que as pessoas produtivas seguem uma agenda; são intencionais. Seguir uma rotina não irá transformá-lo no Adrian da série *Monk*.[5] Mas demonstra que você está mais interessado em seguir uma rotina passível de repetição do que em reinventar a sua rotina a cada dia.

Kant está em boa companhia. Jeff Bezos gosta de ficar em casa algumas horas pela manhã, enquanto o restante de nós está preso no trânsito.[6] O célebre fundador da Amazon acorda e lê os mesmos jornais todos os dias (inclusive a publicação que lhe pertence, *The Washington Post*). Sempre toma uma xícara de café. Mesmo sendo a pessoa mais rica do mundo, provavelmente queima a torrada de vez em quando (ou um de seus funcionários queima),

---

[4] Deixe-me ser bem claro: essa história de Immanuel Kant mostra um homem excessivamente rígido em relação a seus horários e não estou recomendando isso. Hoje seu modo de vida seria chamado de TOC (transtorno compulsivo obsessivo). Ao mesmo tempo, é importante entender que as *rotinas funcionam*.

[5] Adrian Monk, interpretado por Tony Shalhoub, é um detetive bem-sucedido, reconhecido por solucionar casos complicados. Após a trágica e não solucionada morte de sua esposa, ficou desorientado e desenvolveu TOC severo. [N. do E.]

[6] Dirijo o meu carro, um Toyota Camry. Imagino que Bezos tenha um motorista particular que o leva aos lugares.

assim como muitos de nós têm a propensão de fazê-lo. Embora não se distraia com o pagamento da parcela de financiamento da casa própria, nem com um carro que precisa de revisão, ele tem uma empresa com mais de 800 mil funcionários para administrar.[7] De algum modo, ele não parece estressado!

Ao contrário de Kant, Bezos não é tão rígido com suas primeiras horas da manhã. Seu dia de trabalho só começa às 10h. No entanto, ele é extremamente intencional em relação às manhãs, ciente de que esse é o período no qual somos mais produtivos e até mais inteligentes. "Gosto de marcar para antes do almoço as reuniões que exigem mais da inteligência", contou em uma entrevista para David Rubenstein em 2018. Pois "lá pelas cinco horas da tarde, já estou mais ou menos assim: 'Não consigo lidar com isso hoje!'".[8]

O que está acontecendo aqui? Por que Immanuel Kant era um homem tão rigoroso com seus hábitos diários? Por que Bezos sempre marca reuniões importantes pela manhã? O motivo é que uma rotina ajuda a começar o dia com atividades previsíveis. Seguir uma rotina de manhã é como movimentar um taco de golfe quando você joga há décadas. Você faz a mesma coisa toda manhã para conseguir focar.

***

No livro *What's Best Next: How the Gospel Transforms the Way You Get Things Done* [Qual é o próximo passo: como o evangelho transforma o seu jeito de fazer as coisas], o autor Matt Perman

---

[7] Chapman, Michelle. "Amazon's Growth Continues in 2021, More Jobs to Boston", **ABC News**, 26 de janeiro de 2021. Disponível em: <https://abcnews.go.com/Business/wireStory/amazons-growth-continues-2021-jobs-boston-75487027>. Acesso em: 16 set. 2024.

[8] Bariso, Justin. "Jeff Bezos Schedules His Most Important Meetings at 10 a.m. Here's Why You Should Too", **Inc.**, 17 de setembro de 2018. Disponível em: <https://www.inc .com/justin-bariso/jeff-bezos-schedules-his-most-important-meetings-before-lunch-heres-why-you-should-too.html>. Acesso em: 16 set. 2024.

relata que George Washington acordava todos os dias às 5h e começava a manhã dando ordens para sua equipe de funcionários. (Preciso ser honesto e confessar que eu costumava fazer o mesmo com os meus filhos!). O primeiro presidente dos Estados Unidos tomava um café da manhã completo exatamente às 7 horas e então andava a cavalo por cerca de seis horas.[9] Devia ser uma vida difícil, além dos constantes conflitos e guerras para administrar.

Paremos por um instante para refletir a respeito. Immanuel Kant acordava todos os dias no mesmo horário, sem despertador, mas dependendo de um servo preocupado. Ele escreveu alguns dos discursos filosóficos mais famosos da história antes do almoço. Jeff Bezos não gosta de deixar nada que exija muito da inteligência para depois do almoço e prefere ter "tempo de foco", em vez de tomar café da manhã. George Washington seguia a mesma rotina todas as manhãs.

Uma abordagem inteligente para o filósofo que pode até ser considerado o mais brilhante da história recente, para a pessoa mais rica do mundo e para o mais célebre pai fundador dos Estados Unidos também pode ser uma boa abordagem para nós, não é mesmo? Uma rotina matinal opera maravilhas. E surpresa! Ela também se baseia na ciência.

***

Seu cérebro é mais parecido com um *smartphone* do que você talvez queira admitir. Nós, seres humanos, passamos a noite carregando. Quando acordamos, estamos prontos para lidar com temas complexos, como Kant discorrendo sobre a moralidade para uma sociedade depravada ou o envio de produtos da Amazon para pessoas do mundo inteiro.

Os especialistas dizem que a maioria de nós é cotovia (ave diurna, ou seja, alerta pela manhã), enquanto alguns poucos são

[9] PERMAN, Matt. **What's Best Next: How the Gospel Transforms the Way You Get Things Done**. Grand Rapids: Zondervan, 2016. P. 196-197.

corujas (mais atentos à noite). As corujas são um bando curioso. O autor de ficção Neil Gaiman costumava escrever seus livros a partir das 21h e trabalhava a noite inteira.[10] O reitor do Southern Seminary, Albert Mohler, gosta de começar a trabalhar às 23 horas.[11] Certa vez, tive um colega de trabalho em uma *start-up* em Minneapolis que trabalhava todos os dias da meia-noite às 10 horas da manhã. A grande maioria de nós, porém, é programada para pensar com maior clareza logo após o nascer do sol.

Nessa hora, estamos tão afiados quanto um alfinete! O nosso cérebro é projetado para se concentrar com toda atenção na primeira coisa pela manhã. De acordo com a autora e professora universitária Lisa Feldman Barrett, isso acontece porque um elemento químico no nosso cérebro, chamado *noradrenalina*, existe em maior quantidade quando acordamos. Embora seja difícil pronunciar *noradrenalina* — em especial de manhã, antes de tomar um café —, ela flui livremente.[12] A grande pergunta é: como aproveitá-la ao máximo?

Quando me levanto a cada manhã, as palavras fluem antes que toque um teclado e trabalhe em um artigo. Às vezes, tenho ideias para artigos e até me vêm à mente as frases de abertura de uma coluna enquanto estou no banho. Isso incomoda todo mundo na minha família, mas não consigo evitar. Isso pode até explicar por que há ocasiões em que não consigo nem me lembrar se já passei shampoo no cabelo.

Assim como uma máquina de café que pinga água quente sobre o pó, o meu cérebro está refletindo sobre o que escreverá. Mais tarde, no mesmo dia, os pensamentos não fluem da mesma maneira. Parecem mais uma lama viscosa.

---

[10] Ferriss, Tim. "Neil Gaiman – The Interview I've Waited 20 Years to Do", **Tim Ferriss Show** (blog), 28 de março de 2019. Disponível em: <https://tim.blog/2019/03/28/neil-gaiman/>. Acesso em: 16 set. 2024.

[11] Perman, op. cit., p. 211.

[12] Barrett, Lisa Feldman. Entrevista por telefone com a autora, 17 de julho de 2020, transcrição e gravação em áudio disponíveis.

Barrett me contou que isso é normal.[13] O relógio genético dispara noradrenalina logo no início da manhã (para a maioria de nós). Podemos chamar isso de versão genética da Alexa ou um *timer* no nosso *smartphone*. É algo curiosamente complexo, em grande parte porque somos seres humanos curiosamente complexos. Ninguém jamais conseguiu explicar por que a noradrenalina existe.

Ser uma pessoa matinal, segundo Barrett, baseia-se parcialmente nos elementos químicos do corpo e do metabolismo, mas também é ditado pela sua criação na infância, sua origem e suas experiências quando jovem, além das suas preferências alimentares e atividade física (escolhas positivas ou negativas). Surpreendentemente, isso não tem nada a ver com o açúcar do cereal. Seu metabolismo é como uma planta projetada para oferecer os processos de pensamento mais claros pela manhã, não de tarde nem de noite.

Pense em escrever no diário pela manhã como o seu *horário nobre*. Nesse caso, a nobreza se encontra no seu cérebro. Nosso cérebro usa apenas 1/5 da nossa energia, mas corresponde a apenas 1/50 da nossa massa corporal.[14] Aqui vem a parte mais louca: Barrett me contou que as pessoas são um desvio padrão mais inteligentes pela manhã. O desvio padrão é de cerca de 15 pontos. Por isso, quem tem um QI de 115 pontos diminuirá aos poucos para apenas 100 ao longo do dia. Isso explica por que assistimos a tantas comédias de noite.

Uma vez que você é mais inteligente de manhã, essa é a melhor hora para registrar os seus pensamentos e fazer uma lista de desafios e ambições.

Se você não é matinal e a noradrenalina se faz mais presente de tarde ou de noite, tudo bem. Ainda recomendo que você tente colocar essa rotina em prática pela manhã, antes de começar a trabalhar ou realizar as suas tarefas. Você perceberá que ficará

---

[13] Barrett. Entrevista.

[14] Keller; Papasan, op. cit., p. 66.

mais perspicaz, discernente e consistente ao longo do dia, mesmo que não seja matinal, pois terá calibrado os seus pensamentos. Não se trata de fazer uma lista imensa, conforme explicarei, nem de definir metas ainda, mas, sim, do mero registro de pensamentos.

A principal lição aqui? Seja mais como Kant. Siga o modelo de Bezos. Comece renovado e registre as suas ideias. Escreva em um diário usando a rotina de sete minutos pela manhã. O seu cérebro agradecerá.

3

REGISTRE OS MOMENTOS DE ESPERANÇA

Quando o dia começa, a esperança encontra um inimigo mortal chamado *realidade*. Como o autor e especialista em produtividade Nir Eyal me disse certa vez por telefone, temos mais esperança pela manhã.[1] Aos poucos, a verdade nua e crua é assimilada.

Imagine a seguinte conversa:

Esperança: Oi, mundo, hoje será um dia maravilhoso!
Realidade: Mano, você precisa muito começar a assistir ao noticiário.
Esperança: Por que eu faria isso? Estou de bom humor, o sol está brilhando e acabei de comer um prato cheio de ovos mexidos! A vida é bela!
Realidade: Estudos recentes mostram que ovo faz mal à saúde.

---

1 EYAL, Nir. Entrevista por telefone com o autor, 17 de julho de 2020, transcrição e gravação em áudio disponíveis.

Esperança: Que ridículo! Sou amigo próximo de algumas galinhas. Afinal, sou eu quem faço o galo cantar de manhã. As galinhas não parecem ter uma única preocupação no mundo, e tudo por minha causa!

Realidade: Você sabe o que acontece com as galinhas no fim das contas, não é mesmo?

Esperança: Acho que a maioria não vai parar nas fazendinhas infantis de interação com animais, certo?

Talvez você seja um especialista em manter a esperança lá em cima. Minha esposa parece conseguir manter a esperança viva o dia inteiro e é uma grande fã de pontos de exclamação.

Enfim, a maioria de nós começa o dia com ideias brilhantes, novos *insights* e uma perspectiva maravilhosa. É possível manter essa atitude o dia inteiro, porém grande parte de nós acaba aceitando mais rápido a realidade. Um segredo é focar no que chamo de *momentos de esperança*. Eles são um dos temas centrais deste livro. Além de anotar os desafios, os *insights* e registrar qualquer fator de estresse, conforme explicarei mais tarde na rotina matinal, registrar os momentos de esperança ajuda a descobrir possibilidades.

Os momentos de esperança ocorrem pela manhã antes de assistirmos ao telejornal e antes de lermos qualquer estudo sobre como ovos, café e manteiga no pão fazem mal para nós. Também acontecem antes de lermos os outros estudos sobre como ovos, café e manteiga no pão fazem bem para a saúde. Anotamos os momentos de esperança para que nos lembremos deles.

COMECE O DIA COM ESPERANÇA

Por que registrar os momentos de esperança? Para a rotina matinal, é importante refletir sobre as alegrias e tristezas da vida, anotar os fatores estressantes e calibrar as nossas ambições na vida. No entanto, o elemento mais necessário de todos é a esperança.

É possível argumentar que a esperança é o oposto de uma meta. Esperança é o que *poderia ser*; a meta é aquilo que *deve ser*. A esperança não tem limites. Já a meta é algo restrito e específico, que precisa ser rastreado. Não sou contra metas. Apenas penso que a esperança deve assumir precedência sobre as metas e nos impulsionar.

Pense nos momentos de esperança como aqueles *insights* pequenos e deliciosos da manhã que vêm de algo além de nós mesmos. Não há metas nem tarefas envolvidas. A esperança nos enche de ímpeto e paixão, ao passo que a meta não passa de um empreendimento limitado, de curto prazo, com um tempo de vida útil. A esperança pode nos ajudar a superar sofrimento e decepção extraordinários. Pode nos conduzir a uma nova carreira ou nos ajudar a encontrar um cônjuge mais tarde na vida. A meta nos dá um objetivo para terminar um relatório de marketing até a hora do jantar. Isso não é tão satisfatório.

O momento de esperança pode ser: "Quem sabe eu acabe me casando com alguém especial!". A energia da expectativa e o deslumbramento das possibilidades ganham espaço! Qual é a importância do momento de esperança de se casar com alguém especial na escala de produtividade? Diria que bem alta. Trata-se de uma aspiração que vale a pena registrar em um diário para a posteridade, sem dúvida. Já tive momentos de esperança do tipo: "Quem sabe eu termine um capítulo inteiro deste livro hoje!" ou "Talvez eu decida se devo me mudar para outro estado ou não".

O conceito dos momentos de esperança é novo e provavelmente não equivale a nada que você já tenha lido antes, pois criei a ideia para este livro. Registrá-los ajudará você a ligar os pontos entre *o que você faz hoje* e *o seu propósito na vida*. Hoje de manhã, tive um momento de esperança em relação a alguém me chamar de volta para uma nova oportunidade de emprego. Não se trata de mera fantasia. É mais como uma faísca ou uma lâmpada acesa, que enche você de esperança porque se baseia em acontecimentos reais, conquistas verdadeiras e expectativas realistas.

Ao registrar os momentos de esperança, você garante que tem consciência dos padrões e das conexões que levam à realização na vida. A palavra *realização* significa a conquista de algo desejado. Não ter clareza sobre para onde está indo, o que está fazendo ou por quê, é o oposto de realização. Leva ao esgotamento, a uma vida sem rumo e à falta de esperança.

***

Às vezes, grandes ambições parecem inalcançáveis. O autor Charles Duhigg nota como é importante ocasionalmente deixar de lado as metas para poder avaliar as nossas ambições mais amplas e decidir se vale a pena buscá-las.[2] A rotina matinal não tem o mero objetivo de definir metas e alocar tarefas. Em vez disso, é uma forma de ponderar sobre o dia de maneira não estruturada. Enquanto anotamos as nossas ambições e esperanças em um diário, fazemos uma tentativa séria de catalisar as ambições que temos em objetivos alcançáveis, de tamanho pequeno, muito mais fáceis de buscar — uma definição de vida, não apenas de metas.

Deu certo para mim. Desde o início, antes que a minha carreira corporativa chegasse ao fim, sonhava em me tornar escritor profissional em tempo integral. Dei pequenos passos nessa direção, mas foi somente quando comecei a calibrar as minhas aspirações e atividades diárias, sincronizando-as com as minhas ambições mais elevadas, que fiz real progresso. Muito antes de começar a escrever, reconheci o que já borbulhava rumo à superfície: aquela carreira no mundo corporativo nunca foi o meu objetivo. Tinha outras ambições, e o diário matinal me ajudou a enxergar isso.

---

[2] Duhigg, Charles. **Smarter Faster Better: The Transformative Power of Real Productivity**. New York: Random House, 2016, p. 132.

CALIBRE O SEU DIA

A rotina da manhã ajuda você a identificar o que é importante antes que você faça qualquer outra coisa no dia. Não é o melhor momento para planejar todos os detalhes do dia (confira a rotina na seção 2). Por enquanto, você só está anotando e organizando os seus pensamentos, evitando planejamento excessivo de fato. Você não está decidindo o que fazer no dia nem escolhendo tarefas. Não está planejando nenhum projeto, marcando reuniões ou pensando no almoço.

Um dos leitores dos originais deste livro que começou a praticar a rotina matinal explicou que o processo deu um salto em seu ritmo: "Ao separar alguns minutos na manhã para ser intencional quanto à atenção plena fez grande diferença em meu humor ao longo do dia. Permitiu-me focar a energia na produtividade e em como vou encarar as minhas responsabilidades e cumprir as minhas metas mais tarde".

Pense na rotina matinal como algo que você faz *antes* de definir as metas. Ela o ajuda a definir metas mais intencionais posteriormente. É uma ótima forma de lutar contra o dilúvio de informações que nos inundam todos os dias.

Quando faço a rotina, anoto qualquer coisa que me vem à mente — preocupações e medos, alegrias e tristezas. Não elaboro uma lista de tarefas. Faço a lista do John. Pode parecer clichê, eu sei, mas é verdade. É raro eu pular um dia. Em uma viagem recente que fiz para acampar e trabalhar neste livro, acabou a tinta da minha caneta e entrei em pânico. Então me dei conta de que posso fazer a rotina matinal no celular.

Essa rotina define o tom para você permanecer focado e atento ao longo do dia inteiro. Depois de anotar os seus pensamentos iniciais e definir o que tem mais significado e propósito para você, a nobreza do seu discernimento será ativada e você registrará momentos de esperança. Você acaba de se colocar no caminho da produtividade com propósito.

4

PONHA-SE NO CAMINHO CERTO

Alguns de nós transformamos a produtividade em um exercício de futilidade. Dificultamos a realização de qualquer coisa. Imagine alguém que está tentando evitar notificações no celular e visualizar mensagens de texto o tempo inteiro, mas mantém seu dispositivo eletrônico à mão o dia todo. Ou imagine alguém que deseja perder peso, mas deixa doces à mostra na escrivaninha.

O segredo para a boa produtividade é se colocar em um caminho no qual é mais fácil tomar decisões benéficas e eficientes. Caso o seu telefone seja uma distração constante, talvez seja uma boa ideia deixá-lo dentro do carro quando estiver trabalhando em um projeto difícil. Se você precisa lavar a louça e se preparar para a chegada de visitas, coloque um programa infantil na televisão ou um jogo de tabuleiro na mesa da cozinha, assim dá aos pequenos algo para fazer.

A produtividade está diretamente ligada a encontrar caminhos. A rotina matinal é como pegar um mapa (lembra desse objeto?) e decidir qual caminho escolher. É como amarrar os sapatos antes de pisar na escada rolante.

À medida que crescemos e amadurecemos, nossa habilidade de ser produtivos cresce também. Se somos pacientes ou gentis, não é porque decidimos de uma hora para outra ter tais atributos. Eles se desenvolveram com o tempo e amadureceram em nós.

Creio que o mesmo se aplica à boa produtividade. Somos eficientes com o nosso tempo não em um *único momento* para um projeto, mas o dia todo. Somos eficientes quando ajudamos os nossos filhos com a lição de casa ou quando limpamos a garagem, mas não porque de repente formulamos uma boa ética de trabalho ali. Súbitos ímpetos de produtividade nunca perduram.

Conforme você verá, a rotina matinal ajuda a tomar boas decisões. Quando você tem a mentalidade certa, está preparado para enfrentar desafios, reveses e distrações. Você se encontra no espaço mental correto.

TOME BOAS DECISÕES

Cada decisão coloca você no caminho da boa produtividade com propósito ou o tira dos trilhos e o coloca na rota da ineficiência, sem contar a depressão e ansiedade. Mas como saber quais decisões você precisa tomar? A resposta está em ser seletivo em relação a elas e estar preparado.

No podcast intitulado *No Stupid Questions* [Sem perguntas estúpidas], a autora e pesquisadora Angela Duckworth menciona que, com frequência, tomamos a decisão mais fácil, e não a mais correta.[1] Gostamos de evitar conflitos. Meu autor preferido, Bill Bryson, escreveu que nós, seres humanos, somos programados para comer o máximo possível porque não sabemos quando

[1] DUBNER; Stephen J.; DUCKWORTH, Angela. "How Do You Know When It's Time to Quit?", podcast **No Stupid Questions**, Freakonomics, 29 de novembro de 2020. Disponível em: <https://freakonomics.com/podcast/nsq-quitting/>. Acesso em: 16 set. 2024.

encontraremos comida em seguida.[2] Tomamos decisões por impulso. Não pensamos muito nelas.

Não estamos no caminho certo. Em vez disso, nós nos arrastamos na baixa produtividade.

E aqui está a grande questão: todos sofremos com o excesso de trabalho. O melhor a fazer é descobrir como nos tornar mais eficientes, em vez de constantemente nos desviar e ficar para trás. A alternativa é lutar contra o tempo e os nossos maus hábitos. É nesse ponto de que um pouco de neurociência pode ajudar mais uma vez.

A *função executiva* do nosso cérebro envolve as escolhas que fazemos — certo e errado, bom e mau, moral e imoral. A função executiva acontece no lobo frontal. Essa parte do cérebro nos ajuda a determinar se algo é verdadeiro. Por exemplo, por ser jornalista, costumo receber dos leitores perguntas frequentes sobre como consigo discernir se uma declaração é verdadeira e como checo as fontes. A preocupação deles é com as *fake news* e como saber se algo é real, esteja na CNN ou na Fox News. Para mim, significa usar a função executiva para analisar os fatos. Digo-lhes que isso envolve decisões trabalhosas.

E toda decisão é importante. Pode-se dizer que a vida inteira é a culminância de pequenas decisões. Pequenas e boas decisões conduzem à alegria e realização. Decisões ruins levam a uma vida de arrependimento e desesperança.

Registrar os seus pensamentos todos os dias torna você mais consciente de para onde as suas decisões o estão conduzindo. É um caminho que ajuda ou atrapalha? Você está mais consciente do que está fazendo, como está fazendo e por quê?

Outra parte bem conhecida do cérebro é a *amígdala*. É aí que as coisas se tornam interessantes. A amígdala controla as emoções e o estresse. Ela entra em cena quando você está dirigindo

---

2 BRYSON, Bill. **The Body**: A Guide for Occupants. New York: Knopf Doubleday, 2019, p. 147.

em meio ao trânsito pesado, alguém entra com tudo bem na sua frente e você levanta o punho cerrado com raiva. Ou quando você é adolescente e tem um encontro com rapaz todo certinho, mas descobre que ele é a pessoa totalmente errada para você. (Uma pequena observação: o conceito de *estresse* é relativamente novo. Em 1947, o endocrinologista Hans Seyle estudou pela primeira vez como os hormônios em ratos respondiam a estímulos e o chamou de estresse).[3] Quando estou estressado e descubro que tem *donuts* em casa, é maior a probabilidade de comê-los. Obrigado, amígdala!

Portanto, tomamos decisões executivas com o lobo frontal. E tomamos decisões emocionais com a amígdala. Um lida com as decisões práticas e a outra com as decisões emocionais.

E aqui vem a boa notícia: temos pleno controle sobre ambos!

Todos os dias, você tem a capacidade de resistir às más decisões. Você tem a habilidade de resistir a uma reação emocional. É esse cálculo que importa. Enquanto estiver fazendo a rotina matinal, você terá a chance de se colocar no caminho certo. Será como um brinquedo de corda que funciona com rapidez, eficiência e tranquilidade.

Estar no caminho certo significa que não fomos sobrecarregados pelo estresse, nem pela fadiga da decisão, portanto estamos em condições mais prováveis de fazer boas escolhas.

ESCOLHA A ALEGRIA

Após deixar o meu emprego corporativo em 2001, tive dificuldade de me encontrar no mundo do trabalho sem um plano de saúde e um pagamento regular.

Com frequência, eu me sentia exausto e desanimado. O estresse dessa instabilidade e insegurança constantes na vida travavam uma guerra dentro de mim e estavam me vencendo. Eu não me

---

[3] GOLDSMITH, Marshall. **Triggers**: Creating Behavior That Lasts — Becoming the Person You Want to Be. New York: Crown Business, 2015. P. 185.

encontrava em um bom caminho. Chegava em casa de viagens a trabalho ou depois de realizar projetos com pouco sucesso e desabava no sofá. Assistia a qualquer coisa que estivesse passando na televisão no momento.

O professor universitário e autor Jordan Peterson fala, em suas aulas, sobre como o estresse e a depressão agem. Ele já abordava esse tema antes de ficar famoso pelo livro *12 regras para a vida: um antídoto para o caos*. São diversas as camadas envolvidas. Estamos lidando com elementos estressantes no trabalho, e então acrescentamos uma doença. Nossos filhos não estão indo bem na escola, e então batemos na traseira de outro carro no estacionamento do supermercado. Ele explica que, quando temos um ponto fraco e algo se quebra, o alicerce cede. Imagine uma cadeira com quatro pernas. Uma delas está um pouco frouxa (problemas conjugais). Acrescente mais estresse no topo da cadeira (perda do emprego) a uma perna que já está fraca e pronta para quebrar, e *cataploft*![4]

A alegria é uma decisão que precisamos tomar. Escolhemos a alegria ou a tristeza. Qual caminho escolheremos? Como começaremos o dia? Será com alegria?

Certa noite, reuni as crianças. Meus quatro filhos mal estavam no ensino fundamental. A mais nova tinha só 3 aninhos. Lembro-me de onde eu estava sentado e de recordar o texto bíblico que havia lido pela manhã.

Decidi ali mesmo escolher a alegria.

Brincamos de lutinha, e os gritos de alegria eram altos e claros. Não sou exatamente miúdo — tenho 1,88 metro e, na época, devia pesar uns 100 quilos. Tenho origem escandinava. Os meus ancestrais provavelmente saqueavam as cidades vizinhas. Parti para

---

4 Peterson, Jordan, "Jordan Peterson: How To Deal With Depression", vídeo no YouTube, 49:45, publicado por "Motivation Madness", 25 de fevereiro de 2018. Disponível em: <https://www.youtube.com/watch?v=Xm_2zmX6Akc>. Acesso em: 16 set. 2024.

cima dos meus filhos, mas, em vez de vencê-los, joguei-me ao chão como um fracote e deixei que me atingissem.

Um, dois, três, lá vou eu. Todos se revezaram.

O que aconteceu no dia seguinte foi bem revelador. A alegria me inundou. Fui extremamente produtivo no próximo dia e no outro também!

Em 2002, as palavras começaram a fluir e nunca pararam.

Escrevia com a mente e o propósito claros. Meus dedos digitavam com alegria e os meus pensamentos fluíam como mel. Até hoje, não consigo explicar ao certo a minha produtividade sem limites. Este livro é, pelo menos, uma tentativa de relatar o que funcionou, mesmo que a verdade desse alegre transbordamento ao longo dos últimos 20 anos se deva principalmente a uma bênção da parte de Deus. Nem todos os dias têm me colocado no caminho da produtividade, alegria, tranquilidade e esperança... mas a maioria sim.

Tenho escrito com alegria há tanto tempo que às vezes me esqueço de quando tudo começou. Foi naquele dia na sala, brincando de lutinha com as crianças.

Os neurocientistas dizem há anos que existe um motivo para termos mais pensamentos negativos do que positivos. Eles culpam o cortisol, o hormônio de luta ou fuga que costuma ditar as nossas decisões por impulso.[5]

O cortisol flui mais livremente no nosso cérebro. Está ligado a sentimentos e estresse e ansiedade. E parece que somos projetados para experimentá-los. Os cientistas dizem que essa configuração está relacionada aos nossos mecanismos de luta ou fuga. A dopamina, o elemento químico do cérebro ligado ao sistema de recompensas, não flui tão livremente quanto o cortisol.

---

[5] Brandon, John. "Science Says There's a Simple Reason You Keep Thinking Negative Thoughts All Day", **Inc.**, 16 de setembro de 2019. Disponível em: <https://www.inc.com/john-brandon/science-says-theres-a-simple--reason-you-keep-thinking-negative-thoughts-all-day.html>. Acesso em: 16 set. 2024.

Na próxima vez em que você nutrir um pensamento negativo, lembre-se: é ele que vem à tona com maior facilidade.

Qual é a solução? Em um popular artigo para o site Inc.com de 2019, escrevi sobre o princípio rebote.[6] Aprendi sobre isso com um amigo há muitos anos. Um rápido resumo: quando você tem um pensamento negativo, bote-o para fora, brinque de luta com os seus filhos, deixe de lado os conflitos no trabalho e encontre força na alegria.

Coloque-se no caminho certo. Aprenda a reconhecer como as escolhas que você faz o ajudam a permanecer produtivo ou causam derrota esmagadora para a sua alma. A diferença? Tudo está relacionado a como você começa o seu dia a cada manhã.

6 Ibidem.

ROTINA MATINAL DE SETE MINUTOS

É na rotina de sete minutos que tudo começa. A fim de entender mais sobre cada um desses passos, certifique-se de reler os capítulos anteriores, os quais explicam por que esta rotina é tão valiosa para a produtividade.

◉ **Antes de começar: *prepare-se***
Encontre um lugar tranquilo, longe de distrações. Desligue o celular e guarde-o bem longe. Separe um lugar para escrever no diário e para a sua xícara de café (se quiser uma). Talvez você precise encontrar um cantinho no escritório. Tenha em mãos um belo diário. Escolha uma caneta de qualidade que torne o trabalho de escrita fácil e divertido. Use um relógio ou um *timer* de cozinha e defina uma contagem regressiva de sete minutos.

Minuto 1: *clareie a mente*
Clarear a mente é o primeiro passo da rotina matinal de sete minutos. Durante 60 segundos, pense no que o seu dia acarretará, mas não escreva nada ainda, nem comece a fazer uma lista de tarefas. Apenas pense! Que desafios você tem enfrentado? Por que são importantes? Esteja pronto para mergulhar na rotina com gosto e esforço intencional. Seu cronômetro deve estar no primeiro minuto da contagem regressiva, à medida que você prepara os seus pensamentos.

Minuto 2: *respire um pouco*
Você já tem uma ideia do que o aguarda hoje. Já pensou sobre o seu dia e sobre o que pode

acontecer. Ótimo! Agora dedique mais 60 segundos (contando regressivamente até o Minuto 5 no seu temporizador) para inspirar e expirar. Inspire profundamente e então exale de maneira exagerada. Você não está começando o dia com sobrecarga, mas com foco e intenção. Caso se entedie com a respiração, sem problema. Isso acontece com todos nós. Sente-se confortavelmente e relaxe, beba um gole de café, olhe pela janela. Você está preparando a sua mente.

Minutos 3 a 6: *faça anotações*

Chegou a hora mais importante. Você deve ter percebido que essa rotina é extremamente compacta. Você tem exatamente quatro minutos para fazer anotações leves. Não se trata do planejamento do dia (há uma rotina específica para isso). Escreva alguns pensamentos aleatórios sobre o seu dia. Não faça uma lista de tarefas! Anote algumas coisas que está aguardando com expectativa, além de alguns fatores estressantes e desafios. Durante esse tempo, também registre momentos de esperança. São os *insights* que você tem assim que acorda, faz o seu devocional ou senta e pondera sobre o que acontecerá ao longo do dia dentro da própria rotina.

Minuto 7: *reflita*

Quando a contagem regressiva chega ao Minuto 1, significa que você quase terminou! Agora volte e revise as suas anotações, circulando a sua maior preocupação. Risque qualquer elemento estressante. Não se esqueça também de circular um momento de esperança. Pronto! Você concluiu a rotina matinal de sete minutos.

SEÇÃO 2

Planeje o seu dia

As coisas mais importantes
nem sempre são as que
gritam mais alto.

Bob Hawke,
ex-primeiro-ministro da Austrália

5

APRENDA A FOCAR

Antes de mergulhar no planejamento do seu dia com mais eficácia, abordaremos todas as coisas que competem pela sua atenção. Ou, no mínimo, a única coisa que pode fazê-lo.

É um equipamento brilhante e pequeno, que carregamos na mão.

Conforme observou o autor John Mark Comer, os jovens sabem muito bem como é. Ele menciona que 77% dos adultos jovens pesquisados dizem que, quando nada mais chama sua atenção, eles pegam o celular.[7]

O autor faz um excelente trabalho em explicar que o ruído branco está por toda parte ao nosso redor, por meio dos constantes sibilos, trinos e chiados. Enquanto escrevia este livro, notei que o app do McDonalds mudou seu som de notificação. Agora usam a melodia familiar que tocam nos comerciais: "Dá dá dá dá dá!". Desculpe se não sair da sua cabeça caso você conheça a música, mas o objetivo é justamente esse, não é mesmo? A meta é uma só: garantir que você compre mais hambúrgueres.

---

[7] Comer, John Mark. **The Ruthless Elimination of Hurry**: How to Stay Emotionally Healthy and Spiritually Alive in the Chaos of the Modern World. Colorado Springs: WaterBrook, 2019, p. 121.

De acordo com uma pesquisa realizada pela Universidade de Cornell, tomamos cerca de 35 mil decisões por dia.[8] Tenho uma teoria para o porquê de serem tantas. Uma das minhas reflexões recentes no diário esclareceu um pouco essa questão. Anotei a expressão *regra dos 50 milésimos de segundo*.[9] Não entendia o porquê disso até recentemente. (Ao que tudo indica, estava dizendo a mim mesmo para gastar um pouco mais do que 50 milésimos de segundo pesquisando sobre a regra.) Ela vem do mundo do *webdesign*. Significa que, quando alguém visita um *website*, leva cerca de 50 milésimos de segundo para decidir se a apresentação visual vale o seu tempo.

A mesma regra se aplica a todas as nossas decisões: quais aplicativos instalar e manter no telefone, com quem namorar, qual hambúrguer pedir e assim por diante. Somos inundados por decisões o dia inteiro. Existem milhões de prioridades.

Nos tempos bíblicos, colocar um "jugo" subentendia um jeito de pensar e ser. Jesus disse que seu jugo era suave e leve (cf. Mateus 11.29-30). Ele estava sugerindo um jeito de pensar e tomar decisões que não se detém em todos os toques e chiados da vida, mas, em vez disso, busca encontrar propósito. O guru de produtividade Stephen Covey escreveu várias vezes que planejar o seu dia está predominantemente relacionado a alinhar as suas tarefas e agenda diária com as coisas mais importantes para você.[10] (Se você tiver reparado, foi isso mesmo: acabei de mencionar Jesus e Stephen Covey no mesmo parágrafo!).

---

8 Propaganda da Microsoft, vídeo do YouTube, 1:08, publicado por "Microsoft 365", 19 de abril de 2017. Disponível em: <https://www.youtube.com/watch?v=6k3_T84z5Ds>. Acesso em: 16 set. 2024.

9 LINDGAARD, G.; FERNANDES, G.; Dudek, C.; Brown, J. "Attention Web Designers: You Have 50 Milliseconds to Make a Good First Impression!", **ResearchGate**. Disponível em: <https://www.researchgate.net/publication/220208334_Attention_web_designers_You_have_50_milliseconds_to_make_a_good_first_impression_Behaviour_and_Information_Technology_252_115-126>. Acesso em: 14 abr. 2021.

10 COMER, op. cit., p. 94.

Logo, antes de planejar o seu dia, primeiro coloque o jugo que limita distrações e desvios. Isso ajuda. Você ainda terá decisões a tomar depois de afunilar as coisas. Conforme afirma o economista Thomas Sowell, "a vida não pergunta o que queremos, mas nos apresenta opções".[11] Nossa única tarefa é selecionar entre essas opções.

O LUGAR ONDE O SEU FOCO ESTÁ SE TORNARÁ A SUA MAIOR ÁREA DE SUCESSO

Em 2016, escrevi um artigo para a minha coluna no site Inc.com intitulado "O lugar onde o seu foco está se tornará sua maior área de sucesso".[12] Leitores me mandaram e-mails dizendo que o texto os ajudou a tomar decisões difíceis no trabalho. Nesse artigo, expliquei como o meu foco na escrita conduziu a um sucesso extraordinário — por exemplo, milhões de leitores. Não tentei me tornar palestrante público ao mesmo tempo. Não estava simultaneamente fazendo curso de mergulho com tanque de oxigênio. Foquei na escrita e, por dez anos, escrevi principalmente as colunas que publicava uma vez ao dia no site Inc.com.

Na época, não sabia que os neurocientistas já tinham feito uma descoberta semelhante: que as multitarefas não funcionam.

"A ênfase é mais importante que o esforço", escrevi na coluna. "O esforço é um ímpeto, uma propulsão — são as horas em um dia. Significa que você gasta muita energia em algo. Ainda assim, pode dedicar muito tempo e esforço a um projeto, mas descobrir que falhou porque lhe falta ênfase. Para ter ênfase, você precisa parar de fazer todo o resto".

---

11 FERRISS, Tim. **Tribe of Mentors**: Short Life Advice from the Best in the World. Boston: Houghton Mifflin Harcourt, 2017. P. 205.

12 BRANDON, John. "Where You Focus Will Become Your Greatest Area of Success. Here's Why", **Inc.**, 29 de abril de 2016. Disponível em: <https://www.inc.com/john-brandon/where-you-focus-will-become-your-greatest-area-of-success-heres-why.html>. Acesso em: 16 set. 2024.

Muitos livros sobre produtividade dizem mais ou menos a mesma coisa: que você precisa definir *parâmetros.* O autor e palestrante Nir Eyal chama de *caixas de tempo.* O autor e professor universitário Adam Grant usa o termo *blocos de tempo* (mais sobre isso no capítulo 6).

Ao seguir as rotinas de sete minutos apresentadas neste livro, você garante o foco por períodos curtos. O resultado é a formação de um novo hábito com o passar do tempo. Você está ensinando a si mesmo o que esses especialistas chamam de *implementar intenções.* Adam Grant usa os blocos de tempo para trabalhar em um artigo acadêmico por quatro horas. Neste livro, estou pedindo apenas sete minutos!.[13]

***

No *best-seller O obstáculo é o caminho: a arte de transformar provações em triunfo,* o especialista em marketing Ryan Holiday observa que transmitir conselhos de autoajuda ou alardear uma fórmula para o sucesso não é seu objetivo. Ele não tem interesse em apresentar todas as respostas. Em vez disso, está em busca de algo bem mais profundo: encontrar propósito na vida.[14]

Especialistas como Nir Eyal, James Clear e muitos outros nos pedem para buscar dentro de nós mesmos à medida que lutamos para encontrar significado na vida. Também enfatizam o propósito, mas tendem a apresentar teorias e ideias que podem nos ajudar de uma perspectiva naturalista ou humanista. Se cavarmos fundo e nos esforçarmos bastante, acabaremos nos tornando uma versão melhorada de nós mesmos.

---

[13] As rotinas ensinam a você o *hábito do foco.* A estrutura cronometrada, os itens específicos para escrever ou registrar e todo o processo tem o propósito de definir parâmetros para o seu tempo. O resultado é que você aprende a delimitar parâmetros para outras tarefas também, como escrever um relatório de negócios. As rotinas também são tão fáceis e acessíveis quanto aprender a dar partida em um carro.

[14] Holiday, Ryan. **The Obstacle Is the Way**: The Timeless Art of Turning Trials into Triumph. London: Portfolio, 2014.

Quero dar alguns passos além. Afinal, creio que o propósito é exterior a nós. Nosso propósito não é meramente melhorar como seres humanos e nada mais. Para o naturalista, o aperfeiçoamento pessoal é sempre o grande objetivo. Para mim, melhoramos com o objetivo de ajudar os outros ou a fim de liberar mais do nosso tempo para coisas que verdadeiramente importam.

Uma das minhas descobertas mais extraordinárias na vida adulta — como marido e pai que criou os filhos e agora no meu segundo ato como escritor — é reconhecer que propósito não é algo que encontramos dentro de nós ao sondar a nossa própria alma. Nós, seres humanos, fomos feitos para coisas maiores.

De maneira semelhante, a boa produtividade é uma busca do que é externo. Podemos dizer que não existe o que costumamos chamar de autoaperfeiçoamento. Nós crescemos e nos tornamos mais eficientes não por sermos egoístas e querermos melhorar de vida. Em vez disso, melhoramos porque queremos servir, ajudar os outros e fazer a diferença. É quem nós somos. Fomos criados para trabalhar duro porque temos um propósito.

Essa perspectiva nos liberta para enxergar a produtividade de maneira diferente. Ela alivia a pressão. Não precisamos melhorar porque nos importamos conosco mesmos. Melhoramos porque isso ajuda o mundo. Criamos consciência de quanto a vida é temporal. Ansiamos por aproveitar ao máximo o nosso tempo porque ele é um bem precioso.

O objetivo é sempre parar e pensar se estamos usando com sabedoria o tempo que temos. "Teria escrito uma carta mais curta, mas não tive tempo para isso", disse o matemático Blaise Pascal.[15] Trata-se de uma declaração feita para a nossa época. Quando usamos o tempo com sabedoria, somos mais intencionais e cheios de propósito.

---

15 LOMBROZO, Tania. "This Could Have Been Shorter", **NPR**, 3 de fevereiro de 2014. Disponível em: <https://www.npr.org/sections/13.7/2014/02/03/270680304/this-could-have-been-shorter>. Acesso em: 16 set. 2024.

***

Um dos passos no planejamento da rotina envolve *remover* tarefas. Uma das leitoras iniciais deste livro me contou que tem muita dificuldade em fazer isso. Gostamos de ter longas listas de afazeres porque elas nos fazem sentir produtivos e valiosos. No entanto, conforme observou a autora Laura Vanderkam, às vezes precisamos dizer não para algumas coisas, a fim de abrir o espaço extra de que necessitamos.

Esse espaço extra nos ajuda a pensar em novas ideias e formular planos. O tempo livre ajuda a nos tornar a pessoa que queremos ser. "Às vezes, ser um pouco menos responsivo permite que você tenha o espaço mental para gerar novas ideias que levam as pessoas a quererem trabalhar com você", escreveu Vanderkam.

Ela também defende uma lista das coisas "para depois". Quando você pensar no que precisa fazer, anote, mas não necessariamente faça planos de concluir a tarefa, ela explica. A lista das coisas "para depois" é exatamente o que o nome propõe: coisas que serão feitas em outro momento. Vanderkam diz que essas pequenas e interessantes "distrações produtivas" são valiosas e importantes, mas também podem afastá-lo do que você realmente precisa fazer naquele dia.[16] Conforme me disse o autor Jordan Raynor em uma videochamada pelo Zoom, concluir tudo não cria propósito.[17]

COMO SER DECISIVO NAS SUAS ESCOLHAS

Em algum momento, o estresse chegará. Sempre chega. Algumas das nossas escolhas durante o dia serão feitas em circunstâncias difíceis. Precisamos aprender a nos tornar mais decisivos

[16] VANDERKAM, Laura. **The New Corner Office**: How the Most Successful People Work from Home. London: Portfolio, 2020. Cap. 2.

[17] RAYNOR, Jordan. Entrevista com o autor via Zoom, 25 de fevereiro de 2021, transcrição e gravação em áudio disponíveis.

de antemão. Conforme advertiu o filósofo William James, "não há ser humano mais infeliz do que aquele em quem não há nada de habitual, a não ser a indecisão, e para quem cada charuto aceso, cada xícara a ser tomada, o horário de levantar e deitar cada dia e o início de cada atividade de trabalho são alvo de deliberação expressa da vontade".[18]

Conforme explica Ryan Holiday: "As boas decisões não são tomadas por quem dirige com o tanque vazio".[19] Definimos o que é importante para nós e deixamos o dia prosseguir a partir disso. Quando planejamos o nosso dia, retiramos a pressão do desempenho. Ficamos livres para cometer erros sem pensar que o sucesso pessoal é a maior recompensa.

Ao fim do livro *A quietude é a chave*, Holiday aborda um conceito-chave que você encontrará no decorrer deste livro: tudo bem descansar e ser intencional com o tempo. Não há pressa. Ele conta como foi deparar, certa vez, com um touro em seu quintal. Ele precisava se movimentar devagar e de maneira deliberada, planejando cada passo. O objetivo era não criar problemas com o touro, nem provocar uma confusão. (O touro acabou se chocando com uma cerca por perto).[20]

O planejamento do seu dia é semelhante a encarar um touro.

Precisamos ser deliberados.

Não podemos deixar que velhos hábitos venham à tona para dominar o nosso dia.

Precisamos ter um *plano de paciência*.

Ao focar em uma coisa de cada vez, uma reunião de cada vez e em como planejar para ter esse tipo de foco, evitamos a tentação

---

[18] RUBIN, Gretchen. "There Is No More Miserable Human Being Than One in Whom Nothing Is Habitual", **Gretchen Rubin** (blog), 13 de julho de 2014. Disponível em: <https://gretchenrubin.com/2014/07/there-is-no-more--miserable-human-being-than-one-in-whom-nothing-is-habitual>. Acesso em: 16 set. 2024.

[19] HOLIDAY, Ryan, op. cit., p. 225.

[20] Ibid., p. 259.

de tentar correr para resolver todos os problemas ou solucioná-los depressa demais. Talvez o touro que enfrentamos seja uma criança de 2 anos dando um chilique ou então envolva algo como dominar o Excel. A despeito do que seja, a ideia é eliminar sem dó as distrações por meio do foco deliberado e intencional.

Qual é o próximo passo? Prepare-se para o capítulo sobre por que você deve parar de depender de listas. Uma palavra de advertência antes de prosseguir: liste pessoas que provavelmente não gostarão nem um pouco dessa ideia.

6

PARE DE DEPENDER TANTO DE LISTAS

Rahul Vohra é um dos sujeitos mais inteligentes que você vai conhecer na vida. Certa vez, a revista *GQ* o descreveu como "um cavalheiro inglês esguio, de origem indiana, que é 50% cabelo e 50% cérebro".[1] Quando ele fala, soa como quem estudou em Cambridge (porque ele estudou mesmo), e ao mesmo tempo sabemos que ele enfrenta os mesmos desafios que todos nós. Ele vive sobrecarregado de reuniões, tem uma caixa de entrada lotada e não consegue definir prioridades com perfeição. Domar a caixa de entrada é uma luta universal (ele criou uma empresa chamada Superhuman que facilita o gerenciamento de e-mails), e trataremos disso na segunda parte deste livro, quando abordarmos os maus hábitos. No entanto, Vohra também é uma pessoa precisa e intencional. Veja apenas um exemplo.

A fim de administrar a própria agenda, ele usa um método de caixas de tempo que pode surpreender você. O uso de caixas

[1] Vohra, Rahul. "About Me". Disponível em: <https://about.me/rahulvohra>. Acesso em: 15 abr. 2021.

de tempo é uma conhecida estratégia de produtividade. Significa que você agrupa as suas reuniões e tarefas a fim de se tornar mais eficiente. Faço isso há muitos anos, mas só recentemente encontrei um nome para a prática. Queria ser produtivo, então comecei a juntar todas as minhas entrevistas nas tardes de segunda-feira, uma após a outra. Às vezes, precisava negociar com as pessoas a fim de acomodar o meu plano de entrevistas agrupadas (e nem sempre dava certo).

Também agrupava as minhas tarefas em caixas de tempo. Na produção deste livro, fiz longas sessões de pesquisa e depois revisões dos originais. Evitava ficar mudando com frequência de uma tarefa para outra. O método das caixas de tempo foi central para a rotina de planejamento deste livro.

As caixas de tempo são brilhantes porque significam que você não perde energia nem foco durante esse período. Você está com tudo! Vohra realiza todas as reuniões individuais com relatórios diretos às terças-feiras. Ele as prioriza e percebe como essas prioridades reverberam pela empresa ao longo da semana. "Às vezes, um problema que discutimos em uma das reuniões de terça é resolvido até sexta-feira!", ele conta.[2]

Vohra eleva as caixas de tempo a outro nível. Em vez de aderir ao método da caixa de entrada de e-mails zerada, ele realiza o *Calendário 100%*. O objetivo é prestar contas do próprio tempo da maneira mais precisa possível. O dia dele é absolutamente lotado. Ele faz reuniões com investidores e com suas equipes de trabalho. No aplicativo de mensagens colaborativas Slack, ele digita uma mensagem para seu assistente quando muda de tarefa. Pode decidir trabalhar em uma nova proposta de negócios para um investidor por uma hora, e depois voltar a outra tarefa a fim de planejar uma saída com a equipe por 30 minutos. Ao fim do dia, o assistente lhe envia um relatório de como Vohra usou

[2] Idem. Entrevista com o autor, 19 de setembro de 2021, transcrição e gravação em áudio disponíveis.

o tempo e então cria uma agenda baseada nas caixas de tempo para melhorar seu dia.

Pode parecer que Vohra está levando as coisas longe demais. Mas ele diz que é importante, pois está construindo um produto inédito. (Talvez ele relaxe um pouquinho quando a empresa se tornar mais conhecida).

Vohra nunca se estressa em relação à própria agenda. "Se eu descobrir que dediquei somente cerca de 30% do tempo da semana em recrutamento, farei ajustes", explica. "Tenho mais iniciativa para fazer as coisas mais importantes".

É curioso notar que ele não depende tanto de listas. Sim, ele elabora uma agenda e um plano do dia baseado em caixas de tempo e no *feedback* de seu assistente. A rotina de planejamento em sete minutos tem o propósito de ajudar você a fazer a mesma coisa. Há um motivo para o aplicativo de e-mail Superhuman não mostrar uma lista de mensagens. Aparece uma de cada vez. Ao olhar os e-mails, você vê uma página cheia para cada mensagem. E usa a seta para ver a próxima.

É brilhante! Nada de listas, apenas um e-mail de cada vez.

Talvez você seja meio fã de listas e tenha dificuldade de imaginar uma vida sem elas. Entendo sua dor. E, para ser bem sincero, também faço listas. Crio listas de equipamento de *camping* para viagens. Faço listas de supermercado. Uma das leitoras dos originais deste livro me disse que ficaria perdida sem listas: "Quando leio o título deste capítulo, fico ofendida, hahaha! Amo fazer listas! Elas organizam o meu dia em casa e no trabalho. Do contrário, esqueço as coisas. Também amo riscar da lista as coisas terminadas".

Talvez você se identifique.

O problema é que as listas criam uma sobrecarga cognitiva no nosso cérebro. É melhor focar naquilo a que você dedicará o seu tempo — que assuntos abordaremos, quem estará nas reuniões, como priorizaremos o dia — e evitar fazer listas de tarefas para tudo na vida só porque podemos fazê-lo ou porque parece funcionar melhor assim. Já pedindo desculpas aos inúmeros aplicativos com listas de tarefas, elas são ferramentas secundárias. É mais importante administrar o nosso tempo do que as nossas tarefas, conforme veremos. É mais importante ter um plano e definir as prioridades mais elevadas do que canonizar tudo.

O SEU TEMPO É TUDO

Um dos motivos pelos quais a rotina de planejamento do seu dia em sete minutos funciona tão bem é que nós, seres humanos, tentamos prever resultados o tempo inteiro. Qual é o nosso papel na reunião que teremos mais tarde? Será que vamos impressionar o chefe? Precisamos reservar um voo para Miami? Quanto vai custar? Essa tendência constante de predição se baseia em descobertas muito recentes da neurociência acerca de como processamos informações e olhamos para o futuro. Uma descoberta está ligada a como a dopamina funciona no cérebro.

Talvez você imagine que a dopamina faça parte de um sistema de recompensas para o que está vivenciando *agora mesmo.* Com a sensação de euforia que você tem ao tomar uma casquinha de sorvete, é possível pensar que a dopamina chega depois que você dá a primeira lambida. Mas os cientistas hoje sabem que a dopamina chega muito antes da sua visita à sorveteria.[3] Ela é secretada quando você planeja ir — para ser mais preciso, *quando você decide comprar o sorvete.* A recompensa se instaura naquele momento ao prever um futuro promissor.

Estamos sempre vivendo no futuro. É por isso que o desapontamento é uma sensação terrível. Já fizemos o plano, já experimentamos a recompensa e então — nada de sorvete.

---

[3] Barrett. Entrevista.

Pare de depender tanto de listas

Nós, seres humanos, preferimos a previsibilidade. Em estudos sobre como as pessoas lidam com o estresse, os resultados não surpreendem. Tendemos a escolher o resultado que envolverá menos esforço e ansiedade. Embora não precisemos de uma pesquisa científica para saber que a falta de controle em relação ao resultado nos deixa ansiosos, sem dúvida ajuda conhecer as descobertas dos cientistas. Isso também é óbvio para qualquer um que já fez um exame, foi a um encontro às cegas ou se consultou com um dentista.

A lista de tarefas não funciona porque não ajuda a focar no que é importante. Ela só ajuda a concluir a lista. Uma forma melhor de planejar é *resistir à lista.* Trace uma linha em meio às tarefas. Agrupe as suas reuniões em caixas de tempo. É sempre melhor priorizar poucos itens do que fazer uma lista de tudo o que precisamos fazer e então realizar sem refletir até mesmo as tarefas secundárias.

***

Nosso cérebro está constantemente tentando prever os estímulos sensoriais e julgar se o esforço vale a pena para algo específico. Não estou dizendo que podemos controlar os neurônios no cérebro com precisão exata. Apenas sugiro que o regime para planejar o nosso dia alivia parte do estresse em relação a resultados e a necessidade de completar tarefas e depender constantemente de uma lista.

Quando definimos parâmetros para o dia, predizemos resultados. O importante não é a lista da lavanderia, mas, sim, quais roupas lavar, quando e por que este é o dia certo para lavar roupas. Trata-se de um exercício mais profundo.

Há dois modos de pensar envolvidos quando fazemos planos — *o modo ativo* e o *padrão.*[4] (Às vezes, acrescento uma terceira opção chamada *modo do não quero pensar em nada.*) Com o pensamento em modo ativo, somos mais precisos e detalhistas.

---

[4] O'Mara, Shane. **In Praise of Walking**: A New Scientific Exploration. New York: Norton, 2019, p. 148.

O pensamento em modo ativo é o que você usará durante a rotina de planejamento diário em sete minutos. Tem o objetivo de ajudá-lo a formular planos e desenvolver hábitos melhores. Ao fazer isso, há boas notícias. Você se presenteia com mais flexibilidade e latitude para o segundo tipo de pensamento. Com o pensamento em modo padrão, você se vê livre para sonhar acordado e fazer *brainstorming* com mais eficácia. Uma síntese de como os seres humanos existem no mundo poderia ser esta: pensamos em modo ativo (em detalhes) a fim de ganhar mais tempo para os pensamentos em modo padrão (livres).

Vamos revisar: fazer listas de tarefa é tentador porque sentimos que estamos realizando algo. No entanto, com o pensamento e planejamento ativos da rotina diária, abordamos todas as variáveis, inclusive o que faremos com o nosso tempo, por que cumprimos determinadas tarefas e como as realizaremos.

O QUE FUNCIONA MELHOR DO QUE LISTAS

Qual é o segredo para lidar com a carga cognitiva sobre o nosso cérebro? Ou seja, ter coisas demais na nossa lista de afazeres e não progredir?

Gurus de produtividade como James Clear, Charles Duhigg e muitos outros falam sobre fazer pequenas mudanças na rotina. No livro *Hábitos atômicos: um método fácil e comprovado de criar bons hábitos e se livrar dos maus*, por exemplo, James Clear menciona que fazer uma flexão por dia é muito melhor do que definir a meta de fazer dez ou 20.[5] Mas por quê? Porque é o pequeno passo na direção certa que nos ajuda a formar o hábito. Primeiro vem a rotina (fazer uma flexão pela manhã), e depois o hábito (tornar-se o tipo de pessoa que faz flexões toda manhã).

[5] Clear, James. **Atomic Habits**: Tiny Changes, Remarkable Results: An Easy & Proven Way to Build Good Habits & Break Bad Ones. London: Penguin, 2018, p. 165.

A rotina de planejamento diário ajuda a começar pequeno. A partir dela, você pode expandir, mas o alvo é se tornar alguém que se planeja diariamente, em contraste com quem compra um *planner*, mas o deixa empoeirando na prateleira semana após semana. Quando algo é habitual, torna-se uma segunda natureza. É muito melhor ser um planejador diário do que meramente possuir um *planner* ou dizer que usa um. É muito melhor se tornar alguém que conclui seu trabalho do que alguém que faz listas sobre o trabalho.

Tudo bem listar alguns itens na rotina de planejamento. Minha sugestão, porém, é que, às vezes, a constante escrita de uma longa lista de prioridades é exatamente o que atrapalha a produtividade. Você está fazendo *tudo*. A questão é se está realizando as coisas *certas*.

LISTAS MENORES, RESULTADOS MELHORES

Um rápido resumo até aqui: listas longas não funcionam. Em vez disso, planeje o seu dia escolhendo prioridades que ajudem a aliviar a sobrecarga cognitiva. Você se debruçará somente sobre as tarefas importantes. Ao escrever no seu diário, você define o significado e o propósito que mais importam para você. Essa limitação o ajuda a comparar as tarefas do dia com as suas metas e ambições gerais. A rotina de planejamento diário pode envolver fazer menos, mas focar mais.

Todas as rotinas ajudam você a desenvolver hábitos saudáveis. Você evitará a fadiga da decisão e a "paralisia da análise", por saber o que é importante, em oposição a tomar decisões súbitas e aleatórias ao longo do dia. Você saberá qual é a tarefa prioritária. Por exemplo, o meu genro faz duas listas curtas, uma para a semana e uma para cada dia. Às vezes, sua lista diária tem somente um item.

Você será testado ao longo do dia, claro. Uma boa rotina pela manhã ao escrever no diário ou planejar o seu dia estabelece um padrão. Mais tarde, você confrontará decisões que contrariam quem você deseja se tornar.

O fracasso faz parte da vida. De acordo com estudos científicos, são necessários 66 dias para desenvolver bons hábitos, e tais estimativas se baseiam em dados sólidos da neurociência, relacionados a quanto tempo leva para desenvolver novos caminhos neurais.[6] Alguns reveses já devem ser esperados. Como disse a empreendedora Arianna Huffington, o fracasso é parte do sucesso, não seu oposto.[7]

Todos nós cultivamos novos hábitos, tenhamos essa intenção ou não. A pergunta é: quais hábitos cultivaremos? Bons ou ruins? Uma vez que reconhecemos a necessidade de formar um hábito, não significa que o alcançaremos logo de imediato. Conforme observou Charles Duhigg, mudar é difícil. O que nos impulsiona costuma ser uma nova ideia, uma história de sucesso, um exemplo do que funciona ou uma inspiração externa. Em geral, a prestação de contas a outras pessoas nos ajuda a ter êxito.[8]

Há vários anos, um amigo meu se tornou a minha inspiração para perder peso. Ele começou a pedalar, caminhar e fazer trilhas quase todos os dias. Também fazia boas escolhas alimentares. Nós nos encontrávamos para tomar café da manhã pelo menos uma vez por semana. Eu pedia ovos e torradas. Ele comia granola.

Um de nós foi ficando mais magro. Ele começou a reduzir medidas uma semana de cada vez.

---

6 CLEAR, James. "How Long Does It Actually Take to Form a New Habit? (Backed by Science)", James Clear. Disponível em: <https://jamesclear.com/new-habit>. Acesso em: 15 abr. 2021.

7 SATARA, Alyssa. "In 1 Sentence Arianna Huffington Captured the Pathway to Success", **Inc.**, 27 de fevereiro de 2018. Disponível em: <https://www.inc.com/alyssa-satara/arianna-huffington-said-this-1-thing-showed-us-how-to-get-closer-to-success.html>. Acesso em: 16 set. 2024.

8 DUHIGG, Charles. **The Power of Habit**. New York: Random House, 2012, p. 276.

Recentemente, eu lhe perguntei por que ele desenvolveu os novos hábitos e reconheci como ele foi um exemplo na minha vida. Mencionei que ele parecia ter mudado por questões de saúde. Ele explicou que não foi por medo de ter problemas de saúde, mas, sim, de não aproveitar a vida ao máximo. Ele não estava preocupado com a saúde. Só queria desfrutar mais da vida.

Desde que também perdi peso, comecei a perceber que me encaixo com muito mais conforto em um caiaque e na bicicleta. Consigo fazer coisas que antes não eram possíveis para mim. James Clear chama essas conquistas de *vitórias fora da balança*.[9] Eu não estava mensurando a minha perda de peso pelos resultados na balança, mas, sim, por aquilo que o processo de dieta me ajudou a alcançar.

Duhigg chama de *hábitos angulares* as mudanças iniciais e aparentemente pequenas naquilo que fazemos e em como abordamos a vida.[10] Para mim, foi escolher a granola. Depois se tornou a percepção de que eu cabia em um caiaque!

Como afirmou o filósofo e psicólogo William James, que viveu no fim do século 19: "Faça algo com dificuldade pela primeira vez, mas logo continue a fazer com cada vez mais facilidade, até que, por fim, com prática suficiente, faça de maneira semimecânica ou quase sem consciência alguma".[11]

Agora que você está munido da permissão de parar de fazer listas longas e tentar realizar todas as coisas, além de saber que a verdadeira meta é trabalhar nas tarefas certas com mais propósito, o passo seguinte é descobrir quais tarefas podem ser complexas e desafiadoras, porém com o potencial de se revelarem as mais valiosas.

---

[9] CLEAR, op. cit., p. 203.

[10] DUHIGG, op. cit,. p. 100.

[11] DUHIGG, The Power of Habit. P. 273.

Recentemente, eu lhe perguntei por que ele desenvolveu novos hábitos e reconheci como ele foi um exemplo na minha vida. Mencionei que ele parecia ter mudado por questões de saúde. Ele explicou que não foi por medo de ter problemas de saúde, mas sim, de não aproveitar a vida ao máximo. Ele não estava preocupado com a saúde. Só queria desfrutar mais da vida.

Desde que também perdi peso, comecei a perceber que me encaixo com muito mais conforto em um caiaque e na bicicleta. Consigo fazer coisas que antes não eram possíveis para mim. James Clear chama essas conquistas de *vitórias fora da balança*. Eu não estava me concentrando na perda de peso nem nos resultados na balança, mas sim por aquilo que o processo [illegible] me ajudou a alcançar.

Duhigg chama de hábitos angulares essas mudanças iniciais aparentemente pequenas naquilo que fazemos [illegible] a vida. Para mim, [illegible]. Depois se tornou a percepção de que eu cabia em um caiaque!

Como é o caso do filósofo e psicólogo William James, que viveu no fim do século 19, [illegible] pela primeira vez, [illegible] vez mais facilidade, até que [illegible] de maneira contínua [illegible]

A [illegible] que você [illegible] da rotina [illegible] de fazer [illegible] as coisas [illegible] saber [illegible]

7

FAÇA PRIMEIRO AS TAREFAS MAIS IMPORTANTES

Aqui estão duas das minhas estatísticas preferidas: o habitante médio deste planeta vive por cerca de 2.522.880.000 segundos e respira por volta de 672.768.000 vezes ao longo da vida.[1] Esse é o tempo que temos se vivermos até os 80 anos de idade. É muito, mas também parece extraordinariamente preciso. No tempo que levar para ler esta página, você terá inspirado e expirado cerca de 50 vezes.

O tempo é essencial. É por isso que estou prestes a lhe pedir que realize menos, priorize as suas tarefas e até as rotule de determinada forma.

Mencionei nos capítulos anteriores que fazer listas não funciona. Aumenta a sobrecarga cognitiva no cérebro. Concluímos a lista porque gostamos de terminar *alguma coisa*. O que funciona melhor é o planejamento do nosso tempo e a priorização

---

[1] MEADE, Walker "Every Breath You Take", Herald Tribune, 12 de janeiro de 2010. Disponível em: <https://www.heraldtribune.com/article/LK/20100112/News/605199447/SH>. Acesso em: 16 set. 2024.

de tarefas. E esse processo começa com a definição das tarefas cruciais.

Isso não quer dizer escolher sempre as tarefas pertinentes, mas, sim, as significativas — isto é, as que trarão mais benefícios.

Caso você esteja se perguntando, as tarefas difíceis são, às vezes, as mais significativas e as que rendem mais benefícios. O psicólogo Edwin Locke realizou diversos estudos em 1968 para comprovar isso de uma vez por todas. Ele demonstrou como os participantes nutriam um grau mais elevado de valor e realização quando assumiam tarefas mais difíceis e desafiadoras.[2] Preferimos nos convencer de que as tarefas fáceis e urgentes devem ser realizadas primeiro. Então gostamos de fazer listas de todas essas tarefas. Planejar o seu dia exige uma calibragem muito mais profunda.

DESCUBRA A VERDADE NAS SUAS PRIORIDADES

É difícil ter foco. Requer esforço e um processo para buscar o sucesso. Um dos motivos pelos quais a rotina de planejamento diário em sete minutos funciona tão bem é que conseguimos determinar quais tarefas são as mais importantes. Conforme me explicou Ryder Carrol, criador do método Bullet Journal [algo como "Diário de marcadores", em livre tradução], escrever as coisas e fazer planos é uma forma de priorizar o mais importante.[3]

Se você anotar algo e isso estiver estressando você, corte fora, como se estivesse fazendo a rotina da manhã. (Em seu método, Carroll apresenta uma nota que significa *deletar*).

---

[2] Young, James. "Heroes of Employee Engagement: No. 4 Edwin A. Locke", **Peakon** (blog), 13 de dezembro de 2017. Disponível em: <https://peakon.com/us/blog/future-work/edwin-locke-goal-setting-theory/>. Acesso em: 16 set. 2024.

[3] Carroll, Ryder. Entrevista com o autor, 19 de setembro de 2020, transcrição e gravação em áudio disponíveis.

O curioso é que a palavra *prioridades* não existia antes do século 15. Só havia o termo no singular: *prioridade*.[4] E, antes disso, o termo anterior *priori* significa "conhecimento considerado verdadeiro sem se basear em experiência ou observação prévia". Há um tema recorrente aqui. Continuamos a mudar as palavras a fim de equipará-las à cultura e à nossa agenda louca. Planejar o dia por sete minutos significa que estabelecemos *a priori* — definimos o que é verdade e válido para aquele dia, excluindo verdades inferiores. Priorizar significa encontrar verdade.

Por que se incomodar com isso? De acordo com pesquisas recentes relacionadas ao ambiente corporativo moderno, os funcionários são interrompidos a cada 11 minutos.[5] Os mesmos pesquisadores também descobriram que é possível gastar cerca de 1/3 do dia para se recuperar dessas interrupções constantes. É claro que essa pesquisa foi realizada muito antes da COVID-19 e da tendência atual de as pessoas trabalharem em casa. Suspeito que o tempo necessário para recomeçar o nosso trabalho é ainda mais longo durante uma crise.

O planejamento do nosso dia nos ajuda a reunir os pensamentos, de maneira semelhante à rotina matinal. Afinal, somos máquinas pensantes. Há, porém, uma curiosa discrepância estatística. Em 2012, quando foi lançado o livro *A única coisa: a verdade surpreendentemente simples por trás de resultados extraordinários*, os autores observaram que os seres humanos têm 4 mil pensamentos por dia.[6] Pesquisas recentes, sobretudo usando escaneamentos por ressonância magnética, estimam que uma

---

[4] CLEAR, James "The Myth of Multitasking: Why Fewer Priorities Leads to Better Work", James Clear. Disponível em: <https://jamesclear.com/multitasking-myth>. Acesso em: 15 abr. 2021. In.: KELLER & PAPASAN, The ONE Thing. p. 47.

[5] PLUMMER, Matt "Interruptions Steal a Ton of Your Time. Here Are 3 Ways to Get Those Hours Back", **Inc.**, 30 de janeiro de 2019. Disponível em: <https://www.inc.com/matt-plummer/interruptions-steal-a-ton-of-your-time-here-are-3-ways-to-get-those-hours-back.html>. Acesso em: 16 set. 2024.

[6] KELLER & PAPASAN, op. cit., p. 47.

pessoa pensativa pode ter um número mais próximo de 50 a 70 mil pensamentos por dia.[7]

Outra estimativa sugere que temos um novo pensamento a cada 14 segundos![8] Embora essa pesquisa faça uma declaração generalizada acerca da nossa mente curiosa, há alguns desdobramentos — a saber, que nos distraímos facilmente, pulamos de um pensamento para o outro e precisamos aprender a ter mais foco.

O dr. David Meyer, pesquisador da Universidade de Michigan, que tem realizado estudos de troca de tarefas, estima que a troca constante de tarefas é incrivelmente ineficiente. Significa que passamos 25% mais tempo trabalhando quando trocamos de tarefas o tempo inteiro.[9] Tarefas complexas, como mover-se da escrita de um documento para calcular um orçamento, pode aumentar esse tempo para até 100%!

Pense no que isso significa para o seu trabalho diário. Se você tem prioridades múltiplas todos os dias (por exemplo, você cria uma longa lista de coisas para fazer, conforme abordamos no capítulo anterior) e tenta concluir todas elas, é como se estivesse correndo morro acima o tempo inteiro. Digamos que você tenha dez tarefas diferentes ao longo do dia. Uma é criar um plano de *marketing*, outra é publicar alguns *posts* nas redes sociais, outra é escrever em um *blog*, e assim por diante. Se você as espalhar pelo dia e cada tarefa durar 30 minutos, talvez imagine que levará um total de cinco horas. Infelizmente, não é esse o caso. Distrações,

---

[7] Davis, Bruce. "There Are 50,000 Thoughts Standing Between You and Your Partner Every Day!", **HuffPost**, atualizado em 23 de julho de 2013. Disponível em: <https://www.huffpost.com/entry/healthy-relationships_b_3307916>. Acesso em: 16 set. 2024. Tendo a pensar em excesso de praticamente tudo, então o meu total deve ser ainda maior. A minha esposa argumentaria que sou capaz de não pensar em absolutamente nada às vezes, então quem sabe eles estejam em meio ao total mais baixo.

[8] Keller & Papasan, op. cit., p. 47.

[9] "Multitasking: Switching Costs", American Psychological Association, 20 de março de 2006. Disponível em: <https://www.apa.org/research/action/multitask>. Acesso em: 16 set. 2024. In.: Keller & Papasan, *The ONE Thing*, p. 48.

reveses e o intervalo e tempo de transição para começar novas tarefas aumenta drasticamente o tempo de execução.

Se parece que você não está conseguindo realizar as coisas, e você se vê trabalhando até tarde da noite, há um motivo para isso. Você entrou na esteira das tarefas intermináveis.

É por isso que os especialistas em produtividade enfatizam tanto as caixas de tempo, as quais são usadas para agrupar as tarefas de maneira que se evitem interrupções e se mantenha a pessoa em um fluxo de trabalho. Esse é o motivo para a rotina de planejamento diário ser tão crucial. Priorizamos e planejamos, gerenciamos intervalos e momentos de descanso, dividimos as caixas de tempo e agendamos as nossas atividades como maneira de liberar mais tempo para as coisas mais importantes da vida.

Como exemplo, quando você agrupa tarefas semelhantes (caixas de tempo), como escrever em um *blog* e agendar *posts* nas redes sociais, precisa de menos esforço e experimenta um fluxo mais tranquilo de produtividade.

Quero ressaltar que, nesse ponto, a rotina de planejamento diário tem o objetivo de ser extraordinariamente simples. Não é algo complexo, e isso é intencional. É você e um diário ou pedaço de papel, definindo as suas prioridades. Pode haver momentos em que, como o meu genro, você precisará anotar somente uma tarefa. Você dedicará tempo pensando em por que essa tarefa é importante e quando realizá-la.[10]

Os desdobramentos aqui são profundos. O psicólogo Wayne Oates foi o primeiro a inventar o termo *workaholic*, como variante do termo *alcoholic* [alcoólatra] — era para ser uma brincadeira, mas não foi.[11] A compulsão por bebidas data de, pelo menos, 9 mil

---

[10] Certa vez, a minha filha fez uma lista de tarefa com um único item. Dizia: casar hoje.

[11] Martin, Douglas. "Wayne E. Oates, 82, Is Dead; Coined the Term 'Workaholic'", New York Times, 26 de outubro de 1999. Disponível em: <https://www.nytimes.com/1999/10/26/us/wayne-e-oates-82-is-dead-coined-the-term-workaholic.html>. Acesso em: 16 set. 2024.

anos atrás ou mais.[12] Muito antes disso, os seres humanos lutavam contra outros vícios. Parece que somos projetados intimamente para tomar decisões ruins. Quando achamos que nos livramos de um mau hábito, encontramos outro.

Quando um novo funcionário começa a trabalhar na empresa, não precisamos treiná-lo para ser *workaholic*. É algo natural para todos nós. Mergulhamos no trabalho como um adolescente correndo atrás de um par para o baile de formatura — a saber, com plena convicção e muito pouco planejamento. Ser *workaholic* é hoje uma característica admirada. No entanto, estudos recentes mostram que quem trabalha mais de 11 horas por dia tem 67% mais chances de desenvolver uma doença cardíaca.[13] O constante excesso de trabalho também é uma das principais causas de depressão e estresse.[14]

Seth Godin, guru de *marketing* e autor de livros, explica que alguns de nós dizemos sim para coisas que deveriam receber não como resposta.[15] A rotina de planejamento diário é, em parte (ou principalmente?), um momento para identificar o que deve receber um não como resposta. Conforme observou Tom Friel, CEO aposentado da empresa de *headhunting* Heidrick & Struggles, é importante dizer não rápido para as coisas que não importam e falar sim devagar para aquilo que exige mais esforço.[16]

---

[12] "9,000 Years of Sipping: The History of Alcoholism", Shoreline Recovery Center. Disponível em: <https://shorelinerecoverycenter.com/9000-years-of-sipping-the-history-of-alcoholism/>. Acesso em: 15 abr. 2021.

[13] Keller & Papasan, op. cit., p. 80.

[14] Meikle, Katherine. "How Does Overworking Affect Physical and Mental Health?", **Passport Health**, fevereiro de 2019. Disponível em: <https://www.passporthealthusa.com/employer-solutions/blog/2019-2-overworking-affect-physical-and-mental-health/>.

[15] Keller & Papasan, op. cit., p. 193.

[16] "Slow Hack 007: Say 'NO' Often to Say 'YES' to What Matters", Sloww, 6 de junho de 2018. Disponível em: <https://medium.com/@slowwco/slow-hack-007-say-no-often-to-say-yes-to-what-matters-b943a478585>. Acesso em: 16 set. 2024.

COMO ESCOLHER AS TAREFAS MAIS IMPORTANTES

Para muitos de nós, as tarefas mais prementes recaem em três grupos distintos. O primeiro é o que chamaremos de *tarefas internas*. São aquelas coisas pelas quais você precisa se responsabilizar. Elas pertencem a você e mais ninguém. Se você não fizer as tarefas internas, ninguém mais fará. Pense no gerente de vendas que precisa distribuir os telefonemas que devem ser feitos entre a equipe. Ninguém pode fazer isso por ele. Caso o gerente de vendas não planeje esses objetivos, a empresa sofrerá.

O segundo grupo envolve as *tarefas externas*. Você talvez já saiba quais tarefas são essas se já trabalhou em um lugar no qual as pessoas o culpam e o envergonham para que você faça o trabalho delas. Por exemplo, você é artista gráfico, mas, por algum motivo, acaba sendo o responsável por agendar as publicações nas redes sociais. Uma tarefa externa é algo que impacta você e pode até cair nas suas mãos para fazer, mas não é pertinente.

Muitas dessas tarefas que ficam revirando na sua cabeça, na verdade, não lhe dizem respeito. Elas se tornam pertinentes para você porque outra pessoa não tem feito o próprio trabalho. As tarefas externas costumam ter menor prioridade que as internas. Elas podem se tornar parte do seu repertório, sobretudo se o seu chefe lhe pedir para realizá-las. No entanto, para fins do planejamento diário, é melhor minimizar as tarefas externas.

O terceiro grupo é o mais problemático no que diz respeito a trabalhar demais, realizar multitarefas demais e queimar neurônios demais. São as *tarefas do tipo nunca*. No escritório moderno, uma tarefa do tipo nunca é algo que você jamais deve fazer porque está fora da sua descrição de função. Por algum motivo, você a realiza assim mesmo. Em geral, são essas tarefas que compõem a longa lista que você talvez elabore todos os dias e que acabam destruindo a sua produtividade.

Pensamos nas tarefas do tipo nunca o dia inteiro, refletimos sobre por que elas existem e nos estressamos por causa delas. Quando você realiza a rotina de planejamento diário em sete minutos, fica livre para riscar da lista as tarefas do tipo nunca.

Uma tarefa do tipo nunca pode ser algo óbvio — como varrer a sala de descanso (a menos que essa seja a sua função). Na minha profissão, uma tarefa do tipo nunca envolve editar. (Parabéns para a pessoa que editou os originais deste livro. Você é incrível! Obrigado). É claro que você pode acabar fazendo tarefas do tipo nunca para mostrar que trabalha bem em equipe, mas, ao planejar o seu dia, deixe-as de fora. Não pense nelas, não as registre em um aplicativo e não se preocupe com elas.

As tarefas do tipo nunca acabam se infiltrando na sua lista de afazeres porque ninguém mais quer fazê-las, ou talvez você seja bonzinho demais para dizer não. As tarefas do tipo nunca levam muito mais tempo para serem realizadas, pois estão fora de sua área de especialização e você provavelmente não se sente motivado a realizá-las.

Conforme Ryder Carroll me explicou, são também as tarefas que realizamos, mas que carecem de propósito e significado. Acabamos odiando o nosso emprego e entrando em um processo de *burn-out*, mesmo que sigamos um bom processo para realizá-las e mesmo quando elas nos são atribuídas diretamente.[17] "Somos aquilo que fazemos repetidamente", escreveu Will Durant, parafraseando Aristóteles.[18] Quando realizamos tarefas do tipo nunca repetidas vezes, ficamos entediados e desmotivados.

---

[17] CARROLL, Ryder. Entrevista com o autor, 3 de agosto de 2020, transcrição e gravação em áudio disponíveis.

[18] HERRON, Frank. "It's a MUCH More Effective Quotation to Attribute It to Aristotle, Rather than to Will Durant", **UMass Boston blog**, 8 de maio de 2012. Disponível em: <https://blogs.umb.edu/quoteunquote/2012/05/08/its-a-much-more-effective-quotation-to-attribute-it-to-aristotle-rather-than-to-will-durant/>. Acesso em: 16 set. 2024.

É claro que uma tarefa interna pode se tornar uma tarefa externa se você mudar de função ou for promovido. Uma tarefa externa pode mudar e evoluir, tornando-se uma tarefa do tipo nunca. A grande questão é identificar *hoje* quais tarefas cabem somente a você, quais são secundárias e pouco relacionadas à sua função e quais não lhe dizem respeito em nada, absolutamente. Minha esperança é que você tire mais coisas da sua lista do que deixe pendente ou acrescente.

Ao planejar a sua rotina do dia, faça também um registro das suas metas cruciais. Explicarei como elas funcionam no capítulo a seguir.

Basta dizer que abordamos muita coisa aqui. O resumo essencial é: anote as suas tarefas internas, tarefas externas e tarefas do tipo nunca. Pode confiar: vai ser divertido!

8

COMO DEFINIR METAS CRUCIAIS

Certa vez, fiz algo muito tolo enquanto acampava em uma região remota. Estava cansado, e o sol estava prestes a se pôr, mas, de repente, decidi empacotar as minhas coisas e voltar para casa. Foi uma decisão tola porque tinha apenas 30 minutos para remar sozinho em um caiaque em águas profundas antes do anoitecer.

É isso mesmo: estava em uma ilha de novo.

Guardei depressa os meus pertences e me afastei das margens. "Sem problemas!", pensei. Tenho apenas três quilômetros para percorrer. Vi um pontinho brilhante à distância. Era outro barco também atrasado. Eu o observei deslizar vagarosamente até o ancoradouro do outro lado do lago. Então o escutei discutir com sua cara-metade sobre o modo correto de estacionar o barco no deque, para poder ir buscar o *trailer*. Não acho que eles se deram conta da distância que o som percorre em um lago, nem que eu estava remando na direção deles.

> *Marido*: Enganche essa coisa.
> *Esposa*: Que coisa?

Marido: A coisa perto da outra coisa.
Esposa: Não faço ideia do que você está querendo dizer.

Dava para perceber que estavam cansados. Já passei por isso também!

Quando a luz se dissipou um pouco mais rápido do que eu esperava, fiz o que qualquer remador especialista faria: entrei em pânico. Peguei duas lanternas e as coloquei na frente e atrás do caiaque. E comecei a remar bem mais rápido. Eu tinha uma única meta: *não morrer*. Continuei remando até aquela dupla dinâmica maravilhosa à minha frente e rumo às luzes do *trailer*.

Não demorou muito.

— Boa noite! — eu disse para o casal.

Eles já haviam se acalmado. Ambos sorriram para mim com uma expressão que dizia: "Você é tão louco quanto nós por estar aqui fora no entardecer" e um pouco constrangidos por causa da discussão.

Estacionei o caiaque na margem, guardei as minhas coisas no carro e fui embora dirigindo.

***

Você notou uma coisa na minha experiência no caiaque? Não fiz uma lista. Mantive o foco em um objetivo, e era somente isso que importava.

Uma meta crucial é exatamente como chegar até a luz do ancoradouro. É aquela coisa que realmente precisamos fazer *hoje*. Chamá-la de tarefa é um insulto a todos os aplicativos de gerenciamento de atividades. As metas cruciais sempre se alinham muito bem como o nosso propósito supremo na vida. São as metas que trazem os maiores benefícios. Nem sempre são difíceis ou complexas, mas possuem sempre importância crucial.

No meu processo de escrita, às vezes estipulo a meta crucial de concluir uma coluna até às 9 horas da manhã. Essa meta corresponde ao meu objetivo pessoal de vida, que é comunicar verdade aos outros. Gosto desse trabalho, então é fácil. Sei que experimento um senso de realização ao fazer algo que amo.

Por exemplo, certa vez escrevi uma coluna sobre a fadiga do Zoom.[1] As pessoas estavam vivenciando uma sensação de desesperança ao se conectarem umas às outras somente por vídeo durante a pandemia. Minha meta crucial se alinhou com o meu propósito. No mesmo dia, dezenas de pessoas me mandaram e-mails contando que estavam sofrendo com a fadiga do Zoom. O dilúvio de e-mails foi avassalador, mas também profundamente satisfatório. Abordaremos como lidar com as inundações de e-mails na parte 2 deste livro. Por ora, saiba disto: as metas cruciais produzem resultados inteligentes. Elas são mais óbvias (isto é, acabam chamando a atenção); são mais satisfatórias e pertinentes.

Gosto de ajeitar o deque da produtividade ao meu favor. Para escrever uma coluna até às 9h, nunca marco reuniões ou entrevistas nessa janela de tempo. Sempre uso um *laptop* rápido e confiável. Quase sempre desligo as notificações do celular. Uso uma cafeteira que faz uma xícara de um *blend* delicioso e elegante toda vez. Também busco fazer prestação de contas com outras pessoas e dividir com elas a minha meta crucial. Não gosto de perder tempo. Assim como o meu desejo de chegar à margem naquele percurso de caiaque tarde da noite, uma meta crucial recebe sempre prioridade na minha mente.

É possível definir várias metas cruciais por dia. O mais provável, porém, é que você tenha apenas uma. Esse é o grande objetivo. Ao planejar o seu dia, a meta crucial é a coisa mais importante que você quer fazer e até espera ansioso por realizar. Pode ser

---

[1] Brandon, John. "Here's My Plan: I Don't Ever Want to Use Zoom Again", **Forbes**, 24 de junho de 2020. Disponível em: <https://www.forbes.com/sites/johnbbrandon/2020/06/24/heres-my-plan-i-dont-ever-want-to-use-zoom-again>. Acesso em: 16 set. 2024.

terrivelmente difícil, como elaborar toda uma apresentação para a diretoria da escola. Mas trará satisfação e realização no fim das contas.

UNA TUDO

É fácil se perder. Pelo menos é o que a minha esposa sempre me diz. Às vezes, desligo o GPS e gosto de improvisar para encontrar um restaurante local ou posto de gasolina. Em viagens longas, dividimos o volante e, de repente, eu *me torno* o GPS. É um mau hábito. Sei que o Google Maps pode me levar para casa em segurança, mas gosto de pensar que sou mais inteligente e sábio do que um aplicativo projetado por engenheiros formados em Stanford.

Na vida, é importante escolher quem receberá a nossa atenção. Um amigo costumava falar sobre as pessoas a quem damos permissão de falar e influenciar a nossa vida.

Conforme afirmamos nos capítulos de abertura, decidimos o que tem significado para a nossa vida quando seguimos uma rotina matinal, e isso também acontece quando planejamos o nosso dia. Parece que tudo é prioridade, mesmo quando sabemos que não é verdade. Parece que precisamos "realizar tudo", mesmo quando não é possível. A rotina de planejamento diário é, portanto, o próximo passo após a rotina matinal.

Marissa Mayer, ex-CEO do Yahoo e agora empreendedora, diz que fazer uma lista de tarefas é importante para o dia de trabalho, mas é raro necessitar concluir *todos os itens* da lista.[2] Aliás, ela prossegue dizendo que completar todos os itens da lista acaba sendo improdutivo e talvez um sinal de que você está meramente tentando ser um finalizador de listas.

---

[2] Henry, Alan. "Marissa Mayer Explains Why Having To-Dos Is Better Than Finishing Them", **LifeHacker**, 10 de dezembro de 2013. Disponível em: <https://lifehacker.com/marissa-mayer-explains-why-having-to-dos-is--better-than-1480109287>. Acesso em: 16 set. 2024.

Um amigo e escritor me explicou: "O apego a uma lista significa que só fazemos as coisas que constam da lista. Mas também precisamos pensar fora da caixa. Muitos empregos exigem que se trabalhe acima e além do que se pode colocar em uma lista todos os dias. Outros requerem que a decisão seja tomada na hora. Você seguirá o fluxo no serviço ao consumidor e ajudará a fazer a venda cuja oportunidade acabou de aparecer ou dirá não porque precisa ficar preso à sua lista?".

O guru de produtividade Chris Bailey ecoou a ideia de ser um finalizador de listas em um artigo para o blog *Make It*, da CNBC.[3] Tendemos a pensar que o objetivo é terminar tudo o que está na nossa lista o mais rápido possível. Na coluna, porém, Bailey menciona o conceito de *precrastinação*, termo que o dr. David Rosenbaum, professor da Universidade do Sul da Califórnia, cunhou em 2014. Significa que, nas nossas tentativas de concluir tarefas, nós as fazemos depressa e de maneira ineficiente. Apressamo-nos em meio às tarefas sem planos sólidos porque temos medo da procrastinação.

Consigo me identificar. Expliquei como aconteceu a minha maravilhosa explosão de produtividade extrema, ao escrever 15 mil artigos em 20 anos como jornalista. No entanto, também sou *precrastinador*. Acabo mergulhando de cabeça nas coisas rápido demais. Tinha uma lista de ideias de artigos em um aplicativo extremamente ultrapassado chamado Plaxo e gostava de contar quantos delas estavam na minha lista de "terminados" (cerca de 10 mil naquela época).

Parei de registrar o número exato quando comecei a escrever para o site Inc.com por volta de 2008 porque sabia que escreveria no mínimo uma coluna por dia. Em vez de registrar a

---

[3] BAILEY, Chris "The Biggest Productivity Mistake You've Never Heard Of – And Why So Many People Are Guilty of It Every Day", **Make It** (blog), 30 de julho de 2020. Disponível em: <https://www.cnbc.com/2020/07/30/biggest-productivity-mistake-most-people-dont-know-they-make-every-day-work-expert.html>. Acesso em: 16 set. 2024.

contagem total, às vezes pedia aos editores que me dissessem o número de *posts* concluídos no mês, em geral de 30 a 40.

Por que nos importamos com listas? Porque faz parte da natureza humana. Gostamos de ter um senso de realização e propósito, mesmo sabendo que terminar uma lista de tarefas não é exatamente o mesmo que ser produtivo. O tema deste capítulo e, para ser bem franco, o tema deste livro inteiro, é nos tornar intencionais em relação ao que fazemos e por que fazemos, evitar a armadilha de realizar tarefas simplesmente porque sentimos vontade de fazer algo e liberar mais tempo para as coisas que têm maior importância. Quando planejamos o nosso dia, é útil pensar nas nossas verdadeiras intenções, motivações e metas.

FOQUE NO QUE IMPORTA DE VERDADE

No maravilhoso livro *The Lazy Genius Way: Embrace What Matters, Ditch What Doesn't and Get Stuff Done* [O método do gênio preguiçoso: mergulhe no que importa, ignore o que não é relevante e realize], a autora e *podcaster* Kendra Adachi explica como é melhor ser gênio em poucas coisas e preguiçoso acerca de questões menos importantes.[4] Isso se equipara muito bem ao que Ryder Carroll, criador do método Bullet Journal, diz acerca das tarefas desagradáveis. Não gostamos de fazê-las. Mesmo que usemos uma rotina "genial", se ela conduzir a um objetivo final do qual não gostamos, não produzirá propósito nem significado. Adachi e Carroll nos fazem repensar a formação de hábitos. Quando você dedica tempo para planejar o seu dia, está calibrando como os seus planos correspondem às suas metas cruciais.

Segundo Adachi, quando nos importamos com algo, nós o fazemos com excelência. Quando não nos importamos com algo, temos um desempenho abaixo da média. "Isso o compele a tentar

---

[4] Adachi, Kendra **The Lazy Genius Way**: Embrace What Matters, Ditch What Doesn't, and Get Stuff Done. Austin: Waterbrook, 2020. p. 18.

com ainda mais afinco. Bem-vindo ao cansaço!”, ela escreve.[5] Estamos sempre na luta para saber a diferença. Adachi explica que a rotina lhe dá uma pista de pouso suave. A automatização e rotina, pelo menos de início, transformam-se em um esforço de luta coletiva. Por um lado, você pode se “desligar” e cumprir a rotina porque sabe que ela o ajudará a formar um hábito. Você não ficará tão cansado. Em contrapartida, não precisará se esforçar tanto para criar o hábito com base na própria força de vontade, dependendo apenas da motivação e da definição de metas. A carga cognitiva será reduzida depois que você descobrir o que realmente quer fazer. A rotina é o motor que ajuda você a formar hábitos, a fim de cumprir as metas mais cruciais.

Lin-Manuel Miranda — o compositor, letrista e estrela de *Hamilton* — disse certa vez: “Tenho muitos aplicativos abertos na minha cabeça agora”.[6] Aqui está o segredo: planejar o seu dia significa que você não precisa pensar tanto nas suas próximas decisões. Dá para fechar alguns aplicativos no cérebro.

Definir prioridades, escolher algumas metas cruciais — tudo isso tem o propósito de ajudar você a pensar no que é importante e evitar uma abordagem de lista de supermercado para a produtividade. Mantenha o foco no que importa e planeje a sua produtividade com propósito.

---

[5] Idem. P. 12.

[6] Mead, Rebecca. “All about the Hamiltons”, **New Yorker**, 2 de fevereiro de 2015. Disponível em: <https://www.newyorker.com/magazine/2015/02/09/hamiltons>. Acesso em: 16 set. 2024.

ROTINA DE PLANEJAMENTO DIÁRIO

O planejamento é uma atividade intencional com o objetivo de reorientar as suas tarefas, os seus encontros e objetivos pessoais. A maioria de nós já faz planos ou usa um *planner*. Por isso, essa rotina ajuda você a reconfigurar o planejamento, a fim de que ele o auxilie a tornar as suas tarefas e reuniões mais intencionalmente compatíveis com as suas metas de vida.

◉ **Antes de começar: *prepare-se***

Prepare-se pegando seu *planner* e um diário. Não se esqueça de ter acesso à sua agenda de reuniões. (Tudo bem usar o seu celular ou um computador para isso). Organize a sua área de trabalho e encontre um espaço para a sua xícara de café ou o seu diário.

Minuto 1: *pense à frente*

Antes de começar qualquer planejamento, pense sobre o que está por vir. Evite escrever qualquer coisa. Pense nas tarefas que virão, quaisquer reuniões ou compromissos e os possíveis elementos de estresse ou desafios. Reflita se as atividades que você tem para hoje são compatíveis com as suas metas gerais.

Minutos 2 a 4: *anote as tarefas*

Anote as suas tarefas no diário, mas não se preocupe em necessariamente registrar todas elas. Escreva apenas as mais prementes. Conforme descrito nesta seção, anote pelo menos duas tarefas internas (as que lhe cabem), duas tarefas externas (aquelas que você ainda precisa fazer, mas não são necessariamente da sua alçada) e uma tarefa do tipo nunca (algo que você não deveria fazer e é da responsabilidade de outra pessoa). Também registre um objetivo inteligente. Essa é a grande realização relacionada ao seu propósito mais amplo de vida. Risque todas as tarefas do tipo nunca.

Minutos 5 a 7: *divida as suas reuniões e tarefas em caixas de tempo*

Após anotar as tarefas, olhe para o seu *planner* ou a sua agenda e anote todas as reuniões e todos os compromissos importantes. Pense nas reuniões que você pode agrupar e reunir. Faça o mesmo com as tarefas que você escrever. Você consegue agrupar algumas delas? Dedique os últimos 20 segundos a analisar as suas notas e os planos finais.

SEÇÃO 3

Faça uma pausa

A decisão raramente
é o ponto final. O ponto final
é se tornar plenamente você
mesmo na presença de Deus.
EMILY P. FREEMAN

9

COMO EVITAR A FADIGA DA DECISÃO

Um CEO de meia-idade caminha até um pátio ao ar livre da sede de um grande conglomerado multinacional. Mais conhecida pelos transistores de rádio na época, a empresa ficava sediada fora de Tóquio, no Japão, em uma região chamada Minato City. Era o ano de 1980, e a indústria eletrônica ainda estava crescendo aos trancos e barrancos. Conhecida até 1946 como Tokyo Tsushin Kogyo, a empresa começou a fazer projetores de vídeo em carretel, mais ou menos do tamanho de um micro-ondas.

É isso mesmo. Muito antes que a Sony fabricasse televisões em HD e o console do PlayStation, essa gigante da tecnologia da comunicação era mais conhecida por seus produtos de áudio, incluindo o toca-fitas Walkman, lançado em 1979. Na época, o aparelho estava por toda parte. Só havia fones de ouvido disponíveis em duas cores: preto ou laranja. Só dava para avançar, tocar ou parar o toca-fitas. Ainda assim, era *extraordinário*. Nenhum aparelho portátil de áudio com fita cassete havia existido antes do primeiro Walkman da Sony.

O CEO está aqui para falar de vendas. Ele havia acabado de voltar de uma visita à fábrica da Sony, na qual centenas de trabalhadores se esforçavam incansavelmente em uma linha de montagem. No pátio, o diretor da Sony, Akio Marita, faz um cumprimento, e eles dão um aperto de mão. Após um pouco de conversa sobre amenidades, o homem levanta uma pergunta importantíssima: *Por que todos na fábrica usam o mesmo uniforme?*

Na época, as técnicas simplificadas de produção e o que ficou posteriormente conhecido como *o método Toyota* em uma fábrica automobilística próxima na mesma cidade ainda não haviam se tornado amplamente conhecidos nos Estados Unidos. Mas a Sony e a Toyota eram consideradas relativamente inovadoras, em comparação com empresas norte-americanas como a IBM. Ainda assim, os homens continuavam em busca de respostas.

Por fim, Marita revelou o segredo. O uniforme criava um vínculo entre os funcionários e simplificava um aspecto da produção: se um novo trabalhador fosse contratado e não tivesse roupas aceitáveis, não seria motivo de preocupação. Todos tinham a mesma aparência, então sempre havia a base pronta para o trabalho em equipe.

O homem de repente teve sua grande ideia. Pulou no avião de volta para o Silicon Valley e decidiu que incentivaria o mesmo tipo de criação de vínculos e colaboração em sua empresa. Por fim, descobriu quem havia criado o uniforme da Sony, que era feito de náilon reforçado e tinha mangas removíveis com zíper. O estilista Issey Miyake concordou em fazer um modelo preto com gola rolê, usando o mesmo material.

Infelizmente, o homem percebeu que sua ideia não iria emplacar. Quando apresentou o novo uniforme, os funcionários rechaçaram. Os trabalhadores norte-americanos não estavam animados com a ideia de se vestirem todos do mesmo jeito. Queriam se destacar. O homem desiste da ideia de uma roupa para todos na empresa, mas decide começar a usá-la ele próprio. Com o tempo, encomenda um guarda-roupa inteiro de blusas pretas de gola rolê e passa a usá-las quase todos os dias.[1]

É isso mesmo que você está pensando: a empresa é a Apple e o homem, Steve Jobs. "Quero simplificar a minha vida o máximo possível, para que eu precise tomar o menor número de decisões acerca de qualquer coisa, com exceção de como servir da melhor maneira essa comunidade", disse ele posteriormente, sugerindo que, em alguns casos, a colaboração é mais fácil quando não é preciso tomar tantas decisões — sobretudo em relação ao próprio guarda-roupa.[2]

***

A fadiga da decisão é um mal comum e resulta de precisar tomar decisões demais ao longo do dia. Nós trabalhamos tão duro e pulamos de uma reunião para a outra, mudando constantemente de tarefa, sem jamais tirar tempo para descansar. Ficamos cansados e acabamos tomando decisões cada vez piores à medida que o dia avança. Um estudo conduzido pelo dr. Roy Baumeister na década de 1990 descobriu que o nosso nível de energia vai se esvaindo aos poucos ao longo do dia. De manhã, conseguimos resistir a um *donut* ou sorvete. Mais tarde, porém, não tanto.[3] (Estou me incluindo neste estudo porque se compara à minha experiência, embora alguns especialistas tenham questionado as descobertas).

A solução é respirar fundo e recobrar as energias. Quando fazemos isso, não só tomamos decisões melhores, como também conseguimos realizar projetos mais complexos, mesmo mais tarde. Isso nos deixa livres para tomar mais decisões (porque não

[1] Essa história se baseia em acontecimentos verdadeiros relatados na biografia de Steve Jobs escrita por Walter Isaacson.

[2] Isaacson, Walter. **Steve Jobs**: The Exclusive Biography. New York: Simon & Schuster, 2011, p. 362.

Eyal, Nir. "Have We Been Thinking about Willpower the Wrong Way for 30 Years?", 23 de novembro de 2016, **Harvard Business Review**. Disponível em: <https://hbr.org/2016/11/have-we-been-thinking-about-willpower-the-wrong-way-for-30-years>. Acesso em: 16 set. 2024.

tomamos nenhuma durante esse período), da mesma maneira que Steve Jobs só usava gola rolê.

Conforme mencionei anteriormente no livro, tomamos cerca de 35 mil decisões por dia. John Tierney, jornalista que já trabalhou no *New York Times*, observou: "Não importa quanto você tente ser racional e de mente elevada, não é possível tomar decisão após decisão sem pagar um preço biológico. É diferente da fadiga física comum — você não tem consciência de estar cansado —, mas está com baixa energia mental".[4]

O autor Daniel Pink escreveu sobre um estudo acerca dos intervalos, realizado em 2011. Os juízes de uma vara de liberdade condicional em Israel eram mais brandos e justos após fazer uma pausa e tirar um intervalo dos casos. Também se mostravam mais dispostos a se desviar da decisão padrão em cada caso.[5] Pink também escreveu sobre um estudo feito pela Desk Time com o perfil de seus usuários. Descobriram que eram 10% mais produtivos quando faziam pausas frequentes.[6]

Emily Hunter e Cindy Wu conduziram um estudo para o *Journal of Applied Psychology* e descobriram que intervalos curtos planejados funcionam melhor do que pausas ocasionais longas.[7] Pink também destacou que as pessoas com melhor desempenho costumam fazer uma pausa de sete minutos e então trabalham por cerca de 52 minutos.[8] Parece um intervalo meio longo quando é tirado a cada hora, então vamos permanecer com a ideia de uma pausa de sete minutos.

---

[4] TIERNEY, John. "Do You Suffer from Decision Fatigue?", **New York Times Magazine**, 21 de agosto de 2011. Disponível em: <https://www.nytimes.com/2011/08/21/magazine/do-you-suffer-from-decision-fatigue.html>. Acesso em: 17 set. 2024.

[5] PINK, Daniel. **When**: The Scientific Secrets of Perfect Timing. New York: Penguin Random House, 2018, p. 58-61.

[6] Ibidem.

[7] Ibidem.

[8] Ibidem.

Por fim, Pink menciona um estudo na Coreia do Sul sobre a socialização durante as pausas. Descobriram que é uma alternativa mais eficaz do que usar o tempo livre para conferir e-mails, acessar as redes sociais ou até mesmo fazer um lanchinho na sala de descanso.[9]

Menciono esses estudos porque as pausas são extraordinariamente importantes. Quanto maior o número de decisões, mais rapidamente diminui a qualidade das escolhas. Ao fim do dia, acabamos nos tornando escravos das nossas más decisões. É um dos motivos para a obesidade ser um problema e as pessoas não praticarem atividade física. Corremos como loucos o dia inteiro e, à noite, nos afundamos no sofá como lesmas.

Os especialistas explicam que a nossa habilidade de focar em tarefas complexas começa a diminuir pouco antes do almoço e continua nesse processo por toda a tarde. Um estudo feito pelo Bureau of Labor Statistics [Departamento de Estatísticas Trabalhistas] em 2011 traçou o perfil de 2 mil trabalhadores e descobriu que, em uma jornada de oito horas, eles estavam completamente focados em apenas três delas.[10] Uma das leitoras dos originais deste livro me contou que se sente produtiva em apenas quatro horas por dia.

Passa-se um tempo e os neurônios param de fazer sinapses tão depressa. Por exemplo, durante o longo período de escrita deste livro, eu parava aproximadamente a cada duas horas para fazer uma pausa, às vezes seguindo a minha rotina de pausa por sete minutos, mas, às vezes, deixando o escritório improvisado em uma cabana para fazer uma longa caminhada ou andar de bicicleta perto de um lago. Quando voltava, a paixão pelo assunto

---

9 Ibidem, p. 62.

10 CURTIN, Melanie. "In an 8-Hour Day, the Average Worker Is Productive for This Many Hours", **Inc.**, 21 de julho de 2016. Disponível em: <https://www.inc.com/melanie-curtin/in-an-8-hour-day-the-average-worker-is-productive-for-this-many-hours.html>. Acesso em: 17 set. 2024.

estava renovada. Conseguia tomar decisões melhores sobre quais fontes, notas e materiais incluir. Havia revivido e conseguia trabalhar com muito mais inteligência.

Quando trabalhamos em excesso, acabamos presos naquilo que o autor B. J. Fogg chama de *vala da motivação*.[11] Nós nos atolamos em trabalho como se estivéssemos cobertos por um *slime* ocupacional, arrastando os nossos teclados junto conosco. A falta de progresso em tarefas cruciais causa forte impacto no nosso dia de trabalho, levando à sensação de improdutividade, mesmo que trabalhemos sem parar.

Alguns especialistas dizem que devemos tirar uma pausa a cada 90 minutos. No entanto, o guru da produtividade Brendon Burchard sugere que devemos abreviar esse tempo pela metade. Já ouvi afirmações extraordinárias sobre as pausas, dizendo que devemos trabalhar cerca de 20 minutos antes de precisarmos fazer um intervalo. Isso me faz questionar se, na verdade, não deveríamos transformar o dia inteiro em uma longa pausa e nos esquecer do trabalho.

"Uma pausa de dois a cinco minutos a cada hora ajuda você a se sentir mais mentalmente alerta e cheio de energia para o trabalho e a vida em geral", escreve Burchard.[12] Como você já sabe, este livro sugere uma pausa de sete minutos como a duração correta — embora eu não esteja dizendo que se trata do padrão perfeito e impecável. Está bem, estou sim dizendo isso, mas se sinta livre para divergir um pouquinho! Espero que Burchard leia o livro e comece a tirar pausas de sete minutos.

A propósito, Burchard é um cara interessante. Ele é *coach* de desempenho, e mais de 2 milhões de pessoas já participaram

---

[11] Fogg, B. J. "Motivation Wave", vídeo no YouTube, 22:55, publicado por "Dr. BJ Fogg", 15 de abril de 2012. Disponível em: <https://www.youtube.com/watch?v=fqUSjHjIEFg>. Acesso em: 17 set. 2024.

[12] Burchard, Brendon. **High Performance Habits**: How Extraordinary People Become that Way. Carlsbad, CA: Hay House, 2017, p. 185.

de seus cursos de produtividade. Em reuniões, ele às vezes coloca as pessoas de pé e propõe um exercício de respiração, caso a palestra tenha passado de 50 minutos.[13] Isso me faz lembrar do apresentador infantil Mister Rogers, que tinha o costume de começar todas as suas reuniões e encontros públicos com um minuto de silêncio para pensar no que tem impactado você.[14]

Há uma citação maravilhosa do autor Alex Soojung-Kim Pang: "Descansar é uma habilidade".[15] Henry Ford, ao perceber que a produtividade não estava tão alta como ele gostaria na linha de montagem, sugeriu reduzir a semana de trabalho. Isso mesmo! Pode dar a ele o crédito por ter recebido o sábado de volta. É por causa de Ford que trabalhamos cinco dias por semana, em vez de seis. Também é por isso que trabalhamos 40 horas semanais.[16]

***

Sabemos, com base em estudos científicos, que as pausas são importantes. Uma pesquisa feita pela empresa de higiene Tork descobriu que 88% dos funcionários gostavam mais do emprego quando tinham a oportunidade de fazer uma verdadeira pausa para o almoço.[17]

---

13 Ibid., p. 186.

14 Bethke, Jefferson. **To Hell with the Hustle**: Reclaiming Your Life in an Overworked, Overspent, and Overconnected World. Nashville: Thomas Nelson, 2019, p. 81.

15 Pang, Alex Soojung-Kim. "Arianna Huffington on a Book About Working Less, Resting More", **The New York Times**, 12 de dezembro de 2016. Disponível em: <https://www.nytimes.com/2016/12/12/books/review/arianna-huffington-rest-alex-soojungkim-pang.html>. Acesso em: 17 set. 2024.

16 "Ford Factory Workers Get 40-Hour Week", History, última atualização em 29 de abril de 2020. Disponível em: <https://www.history.com/this-day-in-history/ford-factory-workers-get-40-hour-week>; e Hyatt, Michael. **Free to Focus**: A Total Productivity System to Achieve More by Doing Less. Grand Rapids: Baker Books, 2019, p. 38-39.

17 "Tork Survey Reveals Lunch Break Impact on Workplace", Tork, 16 de maio de 2018. Disponível em: <https://www.torkusa.com/about/pressroom/tbtlb>. Acesso em: 17 set. 2024.

Na rotina de pausa, explicarei o que fazer durante esse período intencional de recuperação, mas o resumo básico é: não importa o que você fizer, *não pense em trabalho!*

Direi agora e várias outras vezes neste livro: esta pausa também não está ligada a esvaziar a mente. Quando você faz isso, pode acabar preenchendo o vazio com pensamentos negativos. A atenção plena (*mindfulness*) tem sido chamada pelo nome errado nos últimos tempos. Muitas vezes, significa, na verdade, atenção *vazia* (*mindemptiness*). Em vez disso, a pausa é uma oportunidade para *não* pensar em trabalho, avaliar as suas metas e "curtir a brisa", fazendo algo divertido e recompensador. Quem gosta de fazer Sudoku? A pausa reinicia e recalibra o seu dia, garantindo que você está no caminho certo, conforme delineado na sua rotina matinal e (posteriormente neste livro) na sua reflexão diária.

A pausa nos liberta da necessidade constante de tomar decisões. Como Steve Jobs, podemos focar a mente no que é mais importante na vida e ter mais clareza mental. Não precisamos perder tempo com as tarefas de nível inferior e decisões que assolam a maioria dos funcionários de escritório. Podemos colaborar mais e desfrutar daquilo que precisamos fazer.

Além disso, você pode relacionar as tarefas e os objetivos mais importantes que destacou na rotina matinal e quando planejou o seu dia. Conforme você verá no capítulo a seguir, a pausa nos liberta dos perigos de focar excessivamente em tarefas menos importantes, aquelas que criam visão de túnel. A pausa reforça ainda mais a ideia de relacionar o que é mais importante para você na vida com as suas tarefas diárias, a fim de garantir que você não se desvie do rumo.

10

PARE DE ENCARAR AS SUAS METAS COM VISÃO DE TÚNEL

Cristóvão Colombo era um homem alto e musculoso de cabelos ruivos.[1] Hoje em dia, quem sabe ele competiria em um *reality show* para cortadores de lenha cortando madeira, escalando postes e carregando toras por toda parte. Nascido na Itália, mas imigrante espanhol, estava sempre em movimento.

Mesmo quando criança, ele viajava em pequenas aventuras. Aos 14 anos, já havia passado tempo no mar perto de sua cidade natal, Gênova.[2] Mais tarde, entrou para a tripulação de embarcações comerciais em longas viagens cruzando vastos oceanos. E, como se sabe muito bem, eles eram azuis. Em 1492, ele partiu em uma grande aventura. Seu objetivo? Encontrar uma rota comercial

---

1 WADE, Mary Dodson. **Christopher Columbus**: Famous Explorer. Mankato, MN: Capstone Press, 2007.

2 LARSON, Jace. "Christopher Columbus's Early Influences and Experiences", Julesburg Advocate, atualizado em 24 de abril de 2019. Disponível em: <https://www.julesburgadvocate.com/2010/04/30/christopher--columbuss-early-influences-and-experiences>. Acesso em: 17 set. 2024.

da Espanha até a Ásia, imaginando que não havia nada além de oceano e céu enquanto navegava para o oeste.

Mas não foi bem assim.

Colombo descobriu as Américas em 12 de outubro quando atracou nas Bahamas.[3] Em tempos recentes, sobretudo durante os protestos Vidas Negras Importam, de 2022, essa lenda azedou — e por boas razões. Os pesquisadores suspeitam que ele era traficante de escravos e caçador de riquezas.[4] Há até algumas discrepâncias acerca de sua aparência — ele provavelmente era alto, mas não ruivo.[5] Talvez nem tenha nascido na Itália.[6] Retratos de Colombo feitos muito após sua morte fizeram parte de uma campanha publicitária para retratá-lo como um explorador lendário, já que não se conhece nenhum retrato dele da época em que ainda estava vivo.[7]

Podemos, porém, dar o palpite educado de que ele tinha visão de túnel. Não fez uma, duas nem três viagens através do oceano Atlântico, mas quatro no total.[8] Ele tinha a filosofia de não levar prisioneiros em suas aventuras no novo mundo, embora agora saibamos que ele, na verdade, fazia prisioneiros sim e possivelmente

[3] "Columbus Day", Library of Congress. Disponível em: <https://www.loc.gov/item/today-in-history/october-12/>. Acesso em: 19 abr. 2021.

[4] "Why Columbus Day Courts Controversy", History, atualizado em 9 de outubro de 2020. Disponível em: <https://www.history.com/news/columbus-day-controversy>. Acesso em: 17 set. 2024.

[5] RUSTING, Ricky. "Will the Real Christopher Columbus Please Stand Up?", **Scientific American**, 14 de outubro de 2013. Disponível em: <https://blogs.scientificamerican.com/anec dotes-from-the-archive/will-the-real-christopher-columbus-please-stand-up/>. Acesso em: 17 set. 2024.

[6] ELDRIDGE, Alison. "5 Unbelievable Facts about Christopher Columbus", **Encyclopaedia Britannica On-line**. Disponível em: <https://www.britannica.com/list/5-unbelievable-facts-about-christopher-columbus>. Acesso em: 19 abr. 2021.

[7] A verdade é que ele não teria competido em um reality show de lenhadores atualmente. Quem sabe teria, em vez disso, um podcast sobre teorias da conspiração!

[8] FLINT, Valerie I. J. "Christopher Columbus", **Britannica**, última atualização em 8 de abril de 2021. Disponível em: <https://www.britannica.com/biography/Christopher-Columbus>. Acesso em: 17 set. 2024.

os deixava morrer.[9] Um relato do site History.com sobre a vida dele diz: "Colombo ficou obcecado com a possibilidade de ser pioneiro de uma rota marítima ocidental".[10]

Em suma, quase tudo que sabemos sobre Colombo provavelmente foi inventado, com exceção da parte sobre sua atitude obsessiva em relação às próprias metas.

***

A visão de túnel é resultado de esforço constante, de correr atrás e focar em um único objetivo a tal ponto que até fazer uma pausa parece desnecessário. Não há tempo para nada mais. A missão sempre assume o palco central — e o lateral, a área do público e o estacionamento. Talvez, se Colombo tivesse sido mais intencional e menos focado, teria descoberto as Américas mais depressa. O hiperfoco e a visão de túnel podem levar à repetição de tarefas, a vagueações sem rumo e, por fim, à falta de foco.

O mais extraordinário quando fazemos uma pausa é que nos desapegamos da visão de foco e reencontramos o foco das nossas prioridades. Enxergamos a floresta *e* as árvores. O especialista em *design* e *branding* estratégico Philip VanDusen mencionou, em um vídeo no YouTube de 2020, que o nosso cérebro continua a trabalhar nos problemas quando fazemos pausas. Em geral, enquanto remoemos o problema de maneira quase subconsciente, percebemos que pode haver formas alternativas de alcançar os nossos objetivos.[11]

---

[9] Deb, Sandipan. "Christopher Columbus, the Murderer", Mint, atualizado em 16 de setembro de 2017. Disponível em: <https://www.livemint.com/Sundayapp/23nihEltoCYOAd HZ0y7JxK/Christopher-Columbus-the-murderer.html>. Acesso em: 17 set. 2024.

[10] "Columbus Reaches the 'New World'", History, atualizado em 12 de outubro de 2020. Disponível em: <https://www.history.com/this-day-in-history/columbus-reaches-the-new-world>. Acesso em: 17 set. 2024.

[11] VanDusen, Philip. How to Be Happier and More Productive: Does Time Management Eliminate Spontaneity?, vídeo no YouTube, 5:41, publicado por Philip VanDusen, 17 de fevereiro de 2020. Disponível em: <https://www.youtube.com/watch?v=Ht2Xh7XtczE>. Acesso em: 17 set. 2024.

O autor John Eldredge escreveu sobre o que ele chama de *afastamento benéfico.*[12] Significa dar espaço nos nossos relacionamentos e abrir mão das nossas expectativas em relação às pessoas, porque essa é uma abordagem amorosa e cheia de fé. Gostaria de sugerir que a rotina de pausa nos ajuda a criar certo afastamento benéfico para as nossas tarefas também. Damos um passo atrás em relação a elas porque, conforme observei anteriormente, já identificamos o nosso propósito. Nosso trabalho faz parte de quem nós somos, mas não precisa nos definir.

A maioria de nós está sobrecarregada de trabalho, exausta e em constante movimento. Os seres humanos possuem cerca de 128 bilhões de neurônios no cérebro, com margem de erro para alguns milhões a mais ou a menos. A neurocientista Lisa Barrett me explicou que, embora costumemos achar que esses neurônios são menos ativos quando estamos dormindo ou recarregando as baterias, eles continuam a se mover e piscar assim mesmo. Às vezes, ficam até *mais* ativos enquanto dormimos do que durante as nossas horas acordados. Os sonhos tendem a usar o mesmo número de neurônios que o trabalho detalhado durante o dia e não podemos simplesmente mandá-los parar. É por isso que, às vezes acordamos subitamente de um sonho vívido e acabamos nos sentindo mais cansados. À noite, nosso cérebro trabalha em plantões contínuos.[13]

A pausa nos separa dos problemas que estamos enfrentando. Conseguimos enxergá-los com mais clareza e até decidir se vale a pena lidar com eles. "Ao voltar da pausa, você pode perceber que obteve novos *insights* e ideias", explica VanDusen.[14] Exatamente! Quando saímos do hiperfoco, ganhamos uma nova perspectiva mais clara e precisa. Ter iniciativa é maravilhoso, a menos

[12] Eldredge, John. **Get Your Life Back**: Everyday Practices for a World Gone Mad. Nashville: Thomas Nelson, 2020, p. 25.

[13] Barrett. Entrevista.

[14] VanDusen, op. cit.

que estejamos nos esforçando duro em direção à meta errada. Produtividade nem sempre significa trabalhar sem parar. Pode significar não trabalhar nem um pouco.

Como saber que é hora de dar uma pausa? Procure os sinais reveladores. Eles incluem falta de motivação para realizar as tarefas, baixa produtividade e fadiga. Pode ser tarde demais se você já estiver se sentindo exausto.

Em vez disso, é melhor fazer pausas *planejadas*. Não recomendo um número exato de intervalos diários porque cada um de nós é diferente. Alguns não precisam de tantos intervalos, mas uma boa regra inicial é tirar uma pausa pelo menos uma vez a cada duas horas. A rotina desta seção não é tão rígida em relação ao que fazer durante o intervalo, mas apresenta, sim, algumas orientações quanto ao tempo envolvido. Sou conhecido por fazer café ou jogar o jogo *on-line Among Us*.

Conforme explica a rotina, a pausa não deve estar relacionada a questões de trabalho. É principalmente uma maneira de se desligar de todas as tarefas por sete minutos.

MINHA LUTA PESSOAL

Aqui está a verdade nua e crua: preciso seguir essa rotina. Há dias em que necessito acrescentar a rotina de pausa à minha agenda. Peço a Alexa que me lembre. Anoto um intervalo planejado no diário. Minha esposa já sugeriu contratar um avião com a faixa: "John, você não acha que está na hora de fazer uma pausa?". Mas eu provavelmente nem o veria.

Sempre tive tendência à visão de túnel. Sou como um daqueles brinquedos de corda. Você o solta e ele segue sem parar em uma mesma direção. Meus amigos mais íntimos sabem que sou capaz de me fixar tanto em metas que acabo me esquecendo do motivo inicial que me levou a querer alcançá-las. Isso pode ser uma benção no mundo corporativo. Se você me der algo para fazer —

construir um departamento, criar um *website*, escrever um livro — sigo em frente nessa única direção. Poderia entrar para a banda com o nome do projeto. E quem sabe eu seria expulso por ser focado demais (ou velho demais, provavelmente).

A visão de túnel é um problema para pessoas com o meu tipo de personalidade. Na tipologia de Myers-Briggs, sou uma personalidade Arquiteto, conhecido por ser bom em construir coisas, muitas vezes em detrimento dos relacionamentos próximos. A grande graça que me salva é que sou *salvo pela graça*. Minha fé me ajudou a burlar o sistema para pessoas com o meu tipo de personalidade e explorar novas direções estranhas e maravilhosas, como demonstrar empatia pelos outros e amar os desfavorecidos.

Até pouco tempo atrás, não sabia o que causava o mal conhecido como visão de túnel. Às vezes, eu o confundia com iniciativa e fervor, atributos que costumam ajudar a unir o time ou criar um produto. Por décadas, pensei que a visão de túnel significava que eu era extremamente focado nas minhas metas, em detrimento de tudo mais, e que isso era algo positivo.

O autor Dan Heath, assim como vários outros especialistas em produtividade, tem um novo nome para a visão de túnel. Ele a chama de *tunelização*[15] e não a considera uma característica positiva. A visão de túnel recebe um novo viés, para significar *produtividade na direção errada*. Talvez se trate apenas de um trocadilho, mas gosto do novo termo. Ele me faz prestar atenção na visão de túnel quando estou hiperfocado.

A tunelização, conforme o nome dá a entender, acontece de maneira subconsciente. É o que ocorre quando alguém tenta se mover com a cabeça presa na areia. Não vemos para onde estamos indo porque não conseguimos enxergar *nada*. Estamos focados em metas, mas somente nelas e em nada mais. Ingressamos em modo túnel porque não queremos entrar em contato com

---

[15] Heath, Dan. **Upstream**: The Quest to Solve Problems Before They Happen. New York: Avid Reader Press, 2020. P. 60.

a realidade. Exageramos no foco em alguns objetivos centrais porque é assustador encontrar novas rotas.

Conforme Heath explica: "Quando as pessoas estão lidando com vários problemas ao mesmo tempo, param de tentar resolver todos. Adotam a visão de túnel. Deixam de lado o planejamento de longo prazo e a priorização de assuntos estratégicos".[16] Sinto uma pontada dolorida de familiaridade quando leio isso. Felizmente, há uma solução: distanciar-nos do trabalho durante uma pausa planejada e intencional. Isso nos tira do túnel e nos ajuda a enxergar a luz.

POR QUE PAUSAS NA ROTINA FUNCIONAM

Os gurus de produtividade tendem a diminuir a importância de definir metas. Dizem que o processo é mais importante. Siga um bom processo, e você alcançará os seus objetivos. Estou em algum ponto no meio do caminho. As metas, assim como os processos, ajudam-nos a ter ímpeto para seguir em frente. A palavra *meta* não era comum antes de 1920.[17] Não sei ao certo o que as pessoas faziam antes disso, mas é de se imaginar que não carregavam um oneroso *planner* diário para todo lado.

As metas são motivacionais. Para alguém como eu, com tendência à visão de túnel, as metas também são importantes porque ajudam a dividir os meus processos de pensamento e a não permanecer tão hiperfocado em ou dois objetivos principais.

Fazer pausas é fundamental, não só para quem tem o mesmo tipo de personalidade que eu. Todos lutamos com a visão de túnel em algum grau. Talvez lideremos uma equipe de programadores em um projeto ou quem sabe decidamos lançar uma nova campanha nas redes sociais dentro do departamento de *marketing* — e não conseguimos pensar em outra coisa. Fazer uma pausa

---

[16] Ibidem, p. 59.

[17] Bethke, op. cit., p. 12.

intencional e planejada — que não envolve ir à sala de descanso, conforme você verá na rotina — significa que podemos retomar o foco, recalibrar e nos energizar de novo.

***

Um estudo curioso de 2018 revelou um problema incômodo com definir metas e escolher as tarefas. Os pesquisadores descobriram que as pessoas tendem a definir metas mais fáceis e a se dedicar a tarefas que não exigem muito esforço. Isso parece nos tornar inteligentes, não é mesmo? Preferimos reservar um hotel ou planejar a reunião da manhã seguinte a criar uma complicada apresentação de vendas. Nosso cérebro é programado para fazer o que é mais fácil. Não gostamos de estresse. Preferimos tudo o que nos deixa calmos. Se há estresse envolvido, recuamos.

A pesquisa descobriu que não só escolhemos as tarefas fáceis, como também as menos importantes ou que nem valem a pena ser feitas. Há algo de errado aí, apontam os pesquisadores. Além de evitar o estresse, optamos pelo mais fácil porque, ao terminar, poderemos dizer que realizamos *algo*. Isso explica por que você sente a necessidade de estar por dentro das redes sociais. Há uma ilusão de realização, de conseguir "fazer as coisas", mesmo que sejam triviais.[18]

O capítulo 7, "Faça primeiro as tarefas mais importantes", fala sobre fazer as coisas difíceis e que mais importam. Se você usar essa estratégia para alinhar as suas tarefas com os seus objetivos de vida, fazer uma pausa é fundamental. A pausa alivia a pressão, uma vez que fazer coisas fáceis é fácil! Não é preciso fazer um intervalo nas tarefas fáceis. Lembre-se de que, ao fazer tarefas fáceis, é possível sentir como se estivesse realizando algo importante, e talvez esse não seja o caso.

---

[18] Chattopadhyay, Amitava; Stamatogiannakis, Antonios; Chakravarti, Dipanar. "Why You Should Stop Setting Easy Goals", **Harvard Business Review**, 27 de novembro de 2018. Disponível em: <https://hbr.org/2018/11/why-you-should-stop-setting-easy-goals>. Acesso em: 17 set. 2024.

Isso é fascinante para pessoas como eu, que gostam de seguir em frente sem parar, com o maior esforço possível rumo à concretização das metas. Com frequência, preciso recalibrar e parar de me extenuar tanto. Quem sabe eu não esteja fazendo progresso nas coisas erradas. É por isso que, no capítulo seguinte, abordaremos a questão da autoconsciência. Conforme você verá, fazer uma pausa significa reduzir o número de decisões que precisamos tomar (pois não decidiremos nada nesse momento), como estratégia para reservar as tomadas de decisões para as metas mais importantes.

Na seção 4, "Reflita sobre o seu dia", falaremos um pouco mais como você pode saber se tem realizado as tarefas erradas. Já cheguei, sem perceber, a uma causa comum de estresse, depressão e *burn-out*: esforçar-me e pressionar-me em direção às metas erradas. Somente por meio de períodos regulares, intencionais e eficientes de autoanálise conseguimos nos reorientar.

Conforme observou a autora Kendra Adachi, às vezes só precisamos de um minuto na varanda da frente para respirar e nos lembrar do que significa ser humano e por que estamos neste planeta.[19] Vamos fazer uma pausa aqui enquanto você segue essa sugestão, antes de mergulharmos no capítulo a seguir.

[19] Adachi, op. cit., p. 45.

11

COMO AUMENTAR A AUTOCONSCIÊNCIA

Um coruja-barrada me encarou como se eu estivesse invadindo o território dela. Tenho altura para ser jogador de futebol americano, mas, se você conhece essa espécic de aves, sabe que não brincam em serviço. Foi uma advertência para que eu prestasse atenção.

Eu estava caminhando à beira da estrada à noite nas cabanas de oração Wilderness Fellowship em uma parte remota do estado de Wisconsin. Quando digo remota, poder ter a certeza de que é remota *mesmo*! As corujas fazem um barulho tão alto que dá para imaginar uma criança pequena piando no alto das árvores. É instantâneo desviar o corpo porque, para ser franco, não deveria haver nada tão alto assim na natureza. Eu me retraí e voltei para a cabana. "Não há nada para se ver aqui, dona coruja. Vá cuidar da sua vida!".

Talvez a coruja-barrada tenha me sobressaltado porque eu estava me acostumando à paz e solidão de não ter acesso fácil à *internet*. Eu estava ali para ouvir e evitar as notificações constantes do Facebook. Dirigi por duas horas até Wisconsin para isso acontecer. Nada de praia, caiaque ou fogueiras para queimar *marshmallows*. Fiquei em uma cabine chamada *Whisper* [Sussurro]. Sabe o que acabei escutando? *Preocupe-se menos!* Convenci-me da minha necessidade limitadora de controle constante. "Deixe o amanhã acontecer como deve ser. Abra os olhos para o mundo." *Ouça mais*!.

Um dos meus autores preferidos é o líder eclesiástico e palestrante Mark Batterson. Já li todos os livros escritos por ele; alguns deles, duas vezes. Por isso, sei que ele gosta de mencionar a janela de Johari, ferramenta de autoconhecimento.[1] Segue-se uma explicação bem condensada do que ela significa. Há quatro quadrantes. O quadrante superior esquerdo é o que você sabe sobre si mesmo e o que os outros sabem ao seu respeito. O quadrante inferior esquerdo é o que você sabe sobre si, mas os outros não sabem. O quadrante superior direito é o que os outros sabem ao seu respeito, mas você não conhece (ainda não pelo menos). O inferior quadrante direito é o mais estranho de todos. É o que você não sabe sobre si mesmo e ninguém mais conhece.

Deu para entender? É um exercício divertido de reflexão. Vejo o último quadrante como aquele em que precisamos prestar atenção. A questão do sussurro é que é preciso ficar em silêncio e prestar muita atenção para conseguir escutar.[2]

A autoconsciência requer silêncio e reflexão. Quando fazemos uma pausa para anotar alguns pensamentos aleatórios em um diário ou para ligar para um amigo, criamos espaços abertos de reflexão, a fim de interromper o fluxo normal do trabalho. É fácil colocar o telefone no silencioso, mas não é tão fácil assim silenciar a mente. Uma pausa intencional coloca o mundo no mudo, pelo menos por alguns instantes.

---

[1] BATTERSON, Mark. **Sussurro**: como ouvir a voz de Deus. São Paulo: Editora Vida, 2019, p. 201-204.

[2] Uma observação rápida: sabia que é possível sussurrar para a Alexa? Ela sussurra de volta. É absolutamente assustador!

POR QUE É TÃO IMPORTANTE FAZER UMA PAUSA

A rotina de pausa não tem a ver com tomar mais decisões. Em vez disso, está ligada a fazer menos escolhas e evitar a fadiga da decisão. O objetivo é dar à sua mente mais espaço para pensar e refletir. Como no caso da cabana de oração que mencionei anteriormente, esse distanciamento de todo trabalho, todas as tarefas e responsabilidades ajuda você a dar um passo para trás e se enxergar de fora.

No contexto de se tornar mais autoconsciente em relação aos nossos hábitos, a janela de Johari de repente assume novo significado. Fica mais ou menos assim:

Janela de Johari	Formação de hábitos
Coisas que sabemos ao nosso respeito, mas os outros não sabem.	Nossas rotinas e os nossos hábitos atuais conhecidos.
Coisas que sabemos ao nosso respeito e os outros também sabem.	Rotinas e hábitos atuais que nós e todos os outros conhecemos.
Coisas que não sabemos ao nosso respeito, mas os outros sabem.	Hábitos futuros que podemos aprender por meio de rotinas.
Coisas que nem nós nem os outros sabemos ao nosso respeito.	Hábitos que Deus sabe que podemos desenvolver com o tempo por meio de rotinas.

Imagine uma versão futura de si mesmo. Você está em ótima forma. Você tem mais tempo. Não fica conferindo o celular o tempo todo. Não entra no e-mail e nas redes sociais de poucos em poucos minutos. É extraordinariamente eficiente e produtivo. Todas as dicas de autoajuda que você lê dão sempre o mesmo conselho:

se você seguir um processo, será bem-sucedido. Ótimo até aqui, não é mesmo?

Bons processos = bons resultados = sucesso

Seus hábitos levam a resultados previsíveis na sua vida. Conforme abordamos na introdução, o processo é bom. Definir metas é bom. Ter propósito e autodescoberta são coisas boas. Hábitos saudáveis são bons.

O que costuma não ser incluído na análise é o *porquê*.

Dar uma pausa ajuda você a se tornar mais introspectivo em relação a esses desejos e objetivos de vida. Conforme afirmou certa vez o guru de autoajuda Napoleon Hill, "o desejo forte e profundamente enraizado é o ponto de partida para todas as realizações".[3]

Se seguir um bom processo ou uma rotina é como um motor, então precisamos reconhecer que o motor da produtividade nos leva a algum lugar. Uma pausa nos permite ver que o motor está indo na direção correta.

Com frequência, isso quer dizer que precisamos parar de fazer tantas coisas.

SER HUMANO É EXAUSTIVO

O *processamento de informação* é um campo de estudos fascinante. Revela que estamos todos "processando" constantemente as outras pessoas durante uma conversa — analisando-as, observando linguagem corporal e humor e então avaliando o comportamento delas, em busca de pistas. Também estamos *mentalizando*, ou seja, estamos sempre construindo modelos emocionais de conduta. Cal Newport, o especialista prático dessa área, ligou os pontinhos entre processamento de informação e a razão pela qual,

[3] "Napoleon Hill", **Your Dictionary**. Disponível em: <https://quotes.yourdictionary.com/author/napoleon-hill/62772>. Acesso em: 29 abr. 2021.

às vezes, a produtividade é tão difícil. A real é que estamos "ligados" o tempo inteiro.[4]

Por exemplo, você pode estar em uma conversa simples com o seu cônjuge durante o jantar, mas o seu cérebro não para de tentar prever o tempo inteiro o que ele ou ela dirá em seguida. Você já construiu uma versão dessa pessoa no seu cérebro. Existe a realidade do que está acontecendo durante um diálogo e então as nuances emocionais de como você está se sentindo, o que você prediz que a outra pessoa dirá e até no que você crê em relação a ela, crença essa que pode ser verdadeirao ou não. A bateria quase acaba.

Nas situações cotidianas, tentamos descobrir a nossa situação emocional o tempo inteiro. Que percepção os outros têm ao nosso respeito? Esses fatos são verdadeiros? A mentalização é uma forma não só de nos entender, mas também de desenvolver um construto da outra pessoa — quem achamos que ela é ou quer ser e como isso se relaciona conosco. Se tudo isso parecer exaustivo, então bem-vindo à experiência humana!

É por isso que precisamos ser intencionais em relação às pausas: ser humano é exaustivo! Estamos constantemente tentando encontrar sentido nas situações cotidianas. Nossas antenas estão ligadas, tentando captar o que os outros pensam. Precisamos fazer pausas a fim de aliviar toda essa pressão.[5] Seu celular precisa ser recarregado de vez em quando. Seu cérebro também. É esse distanciamento das tarefas que ajuda você a vê-las de uma perspectiva nova e determina se elas valem a pena. Importar-se

---

[4] Roll, Rich, "Digital Minimalism with Cal Newport", podcast **Rich Roll**, 10 de junho de 2019. Disponível em: <https://www.youtube.com/watch?v=9L-Uoo4Vrlk>. Acesso em: 17 set. 2024.

[5] Sinta-se livre para fazer uma rotina de pausa agora mesmo. A maioria dos autores não pede que os leitores parem de ler o livro, mas talvez você já tenha processado informações suficientes até o momento. Depois de praticar a rotina, eu o encontrarei na sessão seguinte, que fala acerca de refletir sobre o dia.

profundamente com as tarefas não equivale a ficar obcecado por elas. Também precisamos deixá-las de lado às vezes e permitir que germinem. Esse é um dos motivos para algumas das minhas melhores ideias me ocorrerem enquanto estou dirigindo ou tomando banho.

A principal lição? Não dá para ter certeza se as suas tarefas valem a pena, a menos que você faça uma pausa nelas. A rotina a seguir ajudará você a fazer isso.

ROTINA DE PAUSA

A pausa ajuda você a se afastar um pouquinho do trabalho e focar em outra coisa. Ao voltar, você se sentirá revigorado, renovado e cheio de energia para assumir novas tarefas. A propósito, não é preciso usar um diário para essa rotina.

◉ **Antes de começar:** ***prepare-se***

Mais uma vez, antes de começar esta rotina, encontre um lugar tranquilo, longe dos colegas de trabalho, dos filhos ou de qualquer outra pessoa. Pode ser no fim de um corredor no trabalho ou na lavanderia em casa. Ache um local onde você não será interrompido nem distraído. Nem preciso dizer que essa rotina tem o propósito de desligar você de toda tecnologia também, então guarde o celular. Planeje uma atividade que desconecte a sua mente do trabalho, como um responder a um desafio ou enigma, ler um livro de citações ou estudar versículos da Bíblia.

Minuto 1: ***respire***

Este passo envolve respirar fundo várias vezes como forma de relaxar e desestressar. Inspire, expire e então repita. Ao exalar, sinta-se livre para fazê-lo de forma exagerada. Depois de focar na respiração por 60 segundos, você se sentirá mais calmo e pronto para fazer algo novo e diferente por alguns minutos.

Minutos 2 e 3: ***pense em algo divertido***

A melhor maneira de esquecer o trabalho é lançar fora os pensamentos sobre trabalho. Comece pensando em metas não relacionadas à profissão, como cortar a grama ou lavar as roupas. Não importa se forem tarefas corriqueiras! Caso o seu diário esteja por perto, procure qualquer momento de esperança que você teve pela manhã para se lembrar do que realmente importa na vida. Evite qualquer tarefa ou pensamento relacionado ao trabalho.

Minutos 4 a 6: *aproveite o ócio*

Agora é a hora de aproveitar o ócio com algo sem muita razão de ser e que seja divertido. Responda a um desafio mental, como Sudoku ou palavras-cruzadas. Não sinta pressa. Leia uma página de um romance ou de uma revista. Essa rotina se baseia na ciência (por exemplos, as pausas dão um alívio ao cérebro), mas não é exata. Se há uma rotina neste livro que não é cheia de regras, pode ter certeza de que é essa. Caso você prefira sentar e desenhar, sem problemas. Use esse tempo para não cumprir nenhuma tarefa.

Minuto 7: *revise a sua pausa*

Quando terminar, pense no que você fez durante a pausa, mesmo que não tenha sido absolutamente nada, o que é completamente aceitável. O alvo aqui é intencionalmente não fazer nada. Se você relembrou alguns dos momentos de esperança ou o que você fará após o trabalho, registre uma nota mental acerca de como a pausa o ajudou a redescobrir esses *insights*.

SEÇÃO 4

Reflita sobre o seu dia

Examino o meu dia inteiro e
relembro tudo que fiz e disse, sem
esconder nada de mim mesmo,
nem deixar nada passar.

SÊNECA

12

ALCANCE METAS DESAPRENDENDO VELHOS HÁBITOS

Peter Drucker, especialista em administração que aconselhou centenas de executivos e escreveu vários *best-sellers*, gostava de destacar que, às vezes, as pessoas trabalham nas tarefas erradas. Ele deu um conselho que pode surpreender você: "Não há nada mais inútil do que fazer com eficiência aquilo que nem deveria ser realizado".[1]

Isso pode parecer familiar quando você relembra o seu dia e se dá conta de que trabalhou extremamente duro nas coisas erradas.

Vamos revisar os três passos que abordamos até agora para transformar a sua produtividade: comece com uma rotina matinal para registrar os seus pensamentos e aguardar o dia com expectativa. Planeje o seu dia com a intencionalidade de correlacionar

---

[1] Hartman, Bob. "Peter Drucker Understood Agile Leadership and Agility before It Even Existed!", **Agile for All**, 16 de novembro de 2015. Disponível em: <https://agileforall.com/peter-drucker-understood-agile-leadership-and-agility-before-it-even-existed/>. Acesso em: 17 set. 2024.

as suas tarefas às suas metas de vida. Faça pausas para se reenergizar, a fim de que a sua produtividade não seja desprovida de propósito e para que você possa dar um passo atrás e avaliar se vale a pena cumprir aquelas tarefas.

O passo seguinte é refletir sobre o seu dia. Uma reflexão diária une essas atividades e ensina você a ser mais intencional com o seu tempo: tempo livre para escrever no diário, planejar o dia e fazer pausas. A reflexão ajuda a determinar se estamos nos afastando do rumo antes de nos dar conta, tarde da noite, que passamos o dia na inutilidade.

Um tema importante deste livro é recalibrar e reorientar o que fazemos a fim de ter certeza de que estamos trabalhando com propósito. Isso não é fácil. Olhar para trás e refletir sobre o dia requer uma análise séria. Vale a pena porque podemos perceber o mais cedo possível quando estamos nos desviando do rumo.

Uma pergunta importante para nos fazer ao fim do dia é: realizei aquilo que queria?

Um bom questionamento para fazer em seguida é: as tarefas do dia se alinharam com o meu propósito e as minhas metas de vida?

Às vezes, nossas tarefas são superficiais. Fazemos compras no supermercado. Limpamos o chão. Em outros dias, tomamos decisões profundas que mudam o rumo da nossa vida. Aceitamos um novo emprego. Pedimos alguém em casamento.

Olhar para trás ajuda você a avaliar o seu dia e decidir se as escolhas feitas conduzem à direção correta. Nem sempre é fácil. É só perguntar para qualquer um que já se perdeu. Você digita o destino no GPS e sai para fazer compras, só para descobrir que colocou o endereço errado e agora está perdido. Nada parece familiar. Pode ser desorientador e estressante.

Os neurocientistas explicam que se perder, sobretudo quando estamos em uma viagem, cria caminhos neurais no cérebro que podem causar estresse. Formulamos planos, resolvendo para onde ir. É estafante. Então o nosso cérebro começa a se reconfigurar. Isso gera ainda mais estresse.

Há alguns anos, eu estava em Los Angeles para uma viagem de trabalho, escrevendo um artigo sobre o cara que inventou a maioria das coisas legais que você vê no filme *Minority Report*.[2] (Pista: não é Steven Spielberg.) Ele só tinha uma hora para mim em sua agenda. Grudei o GPS no painel do carro (naquela época em que não havia aplicativo de GPS no celular), um telefone dobrável no assento ao meu lado e um café com uma tampa que não parava de sair. Precisei atravessar Los Angeles com seu característico trânsito intenso, e o meu celular não parava de apitar, como se estivesse tentando me incomodar, alertando da chegada de mensagens de texto em rápida sucessão.

Meu estresse parecia o som que você escuta ao derramar um pingo de água em uma panela quente. Havia calor emanando dos meus lobos temporais. Minha camisa encharcada grudava no banco de couro. Ainda me lembro da ansiedade. Costumo ser calmo e lidar bem com o estresse. No entanto, quando o cão está latindo, meu telefone apita sem parar e estou focado em uma meta importante, tudo ao mesmo tempo, sinto que estou entrando em sobrecarga. O que é conhecido como "o fluxo" do trabalho focado se torna um obstáculo mental.

Mais tarde, naquela noite, passei alguns minutos pensando em como poderia ter reagido melhor. Talvez poderia ter parado para comprar um sanduíche? *Sim!* Poderia ter evitado alguns erros óbvios — por exemplo, poderia ter desligado o celular e jogado o café fora — para focar no que era mais importante: chegar inteiro ao local da entrevista.[3]

---

[2] Brandon, John, "A Computer Controlled by Hand Gestures", Inc., 1º de fevereiro de 2011. Disponível em: <https://www.inc.com/magazine/20110201/a-computer-controlled-by-hand-gestures.html>. Acesso em: 17 set. 2024.

[3] A propósito, consegui encontrar a empresa no final das contas, fazer a entrevista e escrever o artigo. Ufa! Confira o link na nota 2 deste capítulo.

Olhar para trás é importante. Não se trata apenas de mera retrospectiva. Ajuda também a refletir no que vem pela frente. Onde estivemos costuma ditar para onde iremos.

***

Até aqui neste livro, abordamos três rotinas importantes de produtividade (diário, planejamento e pausa). Agora chegou o momento de ter certa nostalgia. Não estou falando sobre a definição atual do termo, que significa olhar para o passado com sentimento nostálgico. O sentido original vem de 300 anos atrás. Na época, os mercadores suíços estavam travando uma guerra e perdiam em sua terra pátria. Um aluno de medicina anônimo observou que isso lhes causava estresse — o que ele chamou de "dor". A palavra *nostalgia* significa literalmente "dor da saudade de casa" quando você une as palavras gregas originais.[4]

Gosto disso porque, ao olhar para o passado, nem sempre fico feliz com os resultados. Às vezes, sinto a dor do arrependimento ou pelo menos a sensação de que as coisas não ocorreram conforme o planejado. Eu não era intencional o bastante. Quando colocamos essas decisões contra a luz, faço a difícil pergunta: *As escolhas que eu tomei me ajudaram com as minhas metas mais amplas de vida*?

Um dos meus heróis é o autor e palestrante Bob Goff. O cara tem uma risada contagiante e parece ser um tremendo brincalhão. Quando o entrevistei certa vez para um artigo e posteriormente para este livro, ele havia acabado de comprar um acampamento para jovens pelo simples motivo de que *estava à venda*. Tenho uma personalidade completamente diferente da dele. Não sou um extrovertido que gosta de conversar com estranhos no aeroporto. Contudo, reconheço o valor de como ele vive cada dia

---

[4] Diego, Filiberto Fuentenebro de; Ots, Carmen Valiente. "Nostalgia: A Conceptual History", **Sage Journals**, 13 de novembro de 2014. Disponível em: <https://journals.sagepub.com/doi/10.1177/0957154X14545290>. Acesso em: 17 set. 2024.

como se fosse sua última chance. Quero olhar para o passado e poder pensar: "*Tomei algumas decisões semelhantes a Bob Goff. Fiz cada um dos meus 20 mil fôlegos valerem a pena. Fiz bom uso de todos os 50 mil pensamentos*".[5]

Sinto falta da época em que era possível comprar filmes em DVD e ouvir os comentários dos diretores e atores. Com frequência, eles refletiam sobre as decisões que haviam tomado e como teriam filmado algumas cenas de maneira diferente. Fazemos esses mesmos giros mentais na nossa cabeça. Quando damos uma má resposta à funcionária do hotel e vemos sua cara fechada, quando rimos tempo demais após dizer algo sarcástico para um amigo e então percebemos a reação dele. Repetimos o que dissemos na cabeça e sentimos a dor da decisão ruim.

Refletir sobre a rotina diária não tem o objetivo de fazer você entrar no giro do arrependimento. Em vez disso, tem a intenção de ajudar você a desenvolver uma atitude de gratidão, registrar esses momentos de gratidão e desenvolver um hábito para a vida inteira. Conforme escreveu o autor cristão Neale Donald Walsch, "a luta termina onde começa a gratidão".[6]

No final de 2019, escrevi um artigo para a minha coluna no site Inc. sobre como é mais fácil ter pensamentos negativos.[7] Havia lido sobre as razões científicas para isso e fiquei pasmo. O cortisol é um elemento químico que nos alerta dos perigos e é predominante no nosso cérebro. Somos projetados para responder às situações negativas por causa do nosso mecanismo de luta ou fuga. E a grande questão é que precisamos trabalhar muito mais

---

5 Leia sobre os "20 mil fôlegos" em: Brown, "How Many Breaths Do You Take Each Day?"; sobre os "50 mil pensamentos", confira: Davis, "There Are 50,000 Thoughts Standing Between You and Your Partner Every Day!".

6 "Neale Donald Walsch", **Pass It On**. Disponível em: <https://www.passiton.com/inspirational-quotes/7568-the-struggle-ends-when-gratitude-begins>. Acesso em: 20 abr. 2021.

7 Brandon, John. "Science Says There's a Simple Reason You Keep Thinking Negative Thoughts All Day".

duro para pensar nas questões positivas. Imediatamente pense em quanto é mais fácil ser egoísta do que demonstrar gratidão. Uma frase atribuída a Henry David Thoreau me vem à mente: “Não é o que você olha que importa, mas, sim, o que você enxerga”.[8] A gratidão requer um olhar clínico.

Na análise da sua rotina diária, a meta é desaprender o mau hábito de ter pensamentos negativos no fim do dia, aqueles que ficam repassando na nossa mente acerca dos nossos erros. É melhor documentar os nossos sucessos e então pensar nas escolhas que fizemos e como elas poderiam melhorar. Trata-se de uma maneira de abrir caminhos mentais para o dia seguinte e começar de novo.

Uma das leitoras dos originais deste livro que colocou em prática a rotina de reflexão sobre o dia me contou que teve a sensação de que o ato de documentar um pensamento negativo ajudou a destacá-lo e, assim, dar menos crédito a ele na vida. Ela ficava fora da sua mente, registrado no papel e era facilmente esquecido ou resolvido posteriormente. Quando ela documentava os pensamentos positivos, eles normalmente superavam em muito os negativos em número.

Se você é como eu, sabe que há muitas escolhas a fazer. Algumas delas fáceis, outras difíceis. Conforme observou o autor Mark Buchanan, muitas vezes precisamos parar, olhar e perguntar. Quando recordamos o que aconteceu no dia, decidimos se andamos com tranquilidade ou se tropeçamos. “Um bom caminho não é necessariamente o mais rápido, o mais fácil ou mesmo o mais seguro. O lado bom é que ele o leva para frente e faz seu trabalho enquanto você segue em frente”, escreveu Buchanan.[9]

---

[8] "Henry David Thoreau", Goodreads. Disponível em: <https://www.goodreads.com/quotes/7426074-it-s-not-what-you-look-at-that-matters-it-s--what>. Acesso em: 14 jul. 2021.

[9] BUCHANAN, Mark. **God Walk**: Moving at the Speed of Your Soul. Grand Rapids: Zondervan, 2020, p. 47.

13

AS DIFICULDADES NOS FORTALECEM

Refletir sobre o que fazemos é importante porque, conforme aprendemos no capítulo anterior, talvez não estejamos trabalhando nas coisas certas.

Tenho achado extraordinariamente difícil aprender algo novo e me motivar quando as tarefas parecem sem sentido. Também sinto grande alegria e satisfação quando acredito no que estou fazendo. Com frequência, existe a decisão de focar nas tarefas significativas ou escolher a frivolidade. Ao fim do dia, posso olhar para trás e pensar na diferença entre as opções. Quando fiquei ocupado, sem realizar nada? Quando escolhi a saída fácil, em lugar do caminho mais *significativo*?

Com frequência, pergunto-me: "E se eu conseguir reduzir o ritmo da vida e analisar melhor as minhas tarefas? E se eu inspirar e expirar, cuidando dos minutos, em vez de me preocupar com os dias ou as semanas? E se eu conseguisse parar e cheirar as rosas — e as *fajitas* de filé também? Com frequência, não paramos para fazer isso. Amo comer tacos na rede de restaurantes mexicanos Chipotle e juntar os pontos de fidelidade. Tarefa seguinte.

Mas, conforme diz a autora Debbie Millman, "Viver ocupado é uma decisão".[1]

Ser bom em algo não significa que somos rápidos. Até para escrever este livro, precisei reduzir o ritmo. Foi necessário me tornar mais intencional e *prático*. Ouvir com cuidado. Eu não estava pensando: "Quanto consigo realizar?", mas, sim: "Estou realizando as coisas certas?".

Com frequência, escolhemos o que é fácil e previsível. O emprego confortável no centro da cidade, o carro moderno, o plano anual na academia. A maioria de nós não aceita de bom grado as dificuldades nem tenta aprender com elas a fim de encontrar propósito. Enfrentar dificuldades nem sempre é algo ruim e pode ajudar a nos guiar. O que é certo geralmente não é fácil.

E se nós realmente precisarmos aceitar uma grande mudança?

Uma semana depois do Onze de Setembro, no dia 18, eu me vi desempregado e em busca de trabalho. Levou nove meses até eu ter o meu primeiro trabalho como escritor. Em 2001, os meus filhos eram bem novos. Você deve imaginar como foi a adaptação para cada um deles! O papai estava sempre no trabalho — e agora o trabalho era em casa! Na época, decidi colocar uma escrivaninha no nosso quarto de casal e, com frequência, acabava tropeçando na cadeira de manhã. Essa configuração durou um mês, antes que eu mudasse a escrivaninha para um porão inacabado.

Em 2001, a *internet* ainda era novidade. Lembro-me de me conectar a um *modem* discado, pois ainda não existia Wi-Fi amplamente disponível. Ser produtivo em casa foi desafiador naqueles primeiros meses. Tínhamos pouco dinheiro guardado e recebi um pacote bem pequeno de benefícios demissionais. Tínhamos somente alguns meses até as coisas ficarem complicadas.

Não era preciso olhar para muito longe em busca de motivação. Estavam todos sorrindo para mim quando eu acordava

---

[1] Ferriss, Tim. **Tribe of Mentors**: Short Life Advice from the Best in the World. Boston: Houghton Mifflin Harcourt, 2017, p. 26.

pela manhã. Minha esposa é uma santa padroeira da longanimidade e continuava me incentivando a correr atrás do meu sonho. Para sobreviver, eu precisaria trabalhar duro e não aceitar "não" como resposta. Candidatei-me a muitas vagas, mas a economia estava péssima, e eu ainda era bem jovem.

Por volta dessa época, comecei a escrever em um diário a fim de registrar os meus pensamentos. Comecei não só a fazer a rotina da manhã, mas também registrava à noite quanto êxito eu tinha obtido ao longo do dia. Só posteriormente formalizei a rotina de reflexão, mas ela começou a tomar forma naquela época. Escrevia os meus sonhos e as minhas esperanças, os meus desafios e reveses. Lembro-me até de riscar os elementos de estresse, algo que você pode tentar mais tarde na rotina desta seção (e algo que pode fazer na rotina matinal também).

A rotina de reflexão sobre o dia nasceu desse período incerto e estressante de grande transição profissional. "Os obstáculos são aquelas coisas assustadoras que você vê quando tira os olhos do objetivo", disse Henry Ford.[2] Gosto da palavra *assustadoras*. Os obstáculos podem assustar, mas, no meu caso, era preciso seguir em frente. Precisava prestar muita atenção em como a mudança de carreira se desenrolaria.

Aquele outono, até chegar o Natal, foi um período bem estressante, conforme eu tentava conseguir alguns pequenos bicos. Eu escrevia *reviews* de jogos por 50 dólares cada. E me esforçava para ser cada vez melhor. Apliquei esta regra do autor Tom Peters: "A excelência está nos próximos cinco minutos".[3]

Em março do ano seguinte, já tinha conquistado a função de jornalista da revista *Laptop*. Algo havia dado certo. Percebi bem depressa que essa revista fazia parte de uma empresa maior

---

[2] FORD, Henry. Goodreads. Disponível em: <https://www.goodreads.com/quotes/24623-obstacles-are-those-frightful-things-you-see-when-you--take>. Acesso em: 14 jul. 2021.

[3] FERRISS, op. cit., p. 228.

chamada Bedford Publishing. Entrei em contato com vários outros editores de revistas irmãs, como *PC Upgrade* e *TechEdge*. No verão de 2002, já ganhava o suficiente para pagar as contas. As crianças, assim como a minha esposa, estavam animadíssimas. Havia proposto 100 ideias de artigos por semana para dezenas de editores, por cerca de nove meses. Houve momentos em que a produtividade equivalia exatamente à perseverança pura e simples.

Por volta de 2003, consegui outra função regular no site Wired.com, escrevendo notícias e *reviews*. Não se esqueça de que isso foi resultado de cerca de dois anos de esforço constante em um porão, com a escrivaninha em cima do chão de cimento batido.

Amo esta frase do romancista Louis L'Amour: "Chegará o momento em que você pensará que está tudo acabado. Esse será o princípio!".[4] É a melhor descrição da minha experiência em poucas palavras. Eu sou esse cara. Foi somente em 2008 que comecei escrever para a *Inc.* e, depois de um tempo, para a *Forbes*. Às vezes, pergunto-me como a minha produtividade teria evoluído sem obstáculos.

***

Muitas vezes, a produtividade parece uma pressão. Buscamos a perfeição, mas ela sempre nos escapa. O perfeito é impossível. O *quarterback* Tom Brady afirmou, certa vez, que o objetivo é progredir, não ser perfeito.[5]

Mesmo quando tudo na vida parece perfeito — estamos com saúde e temos comida na mesa —, nada dura para sempre. Cansamos do caminho que estamos trilhando; mudamos de ideia. Contarei mais tarde no livro como descobri a alegria de mentorear jovens e ensiná-los a escrever e a se tornar profissionais

---

4 L'Amour, Louis. **Lonely on the Mountain**. New York: Random House, 2003, p. 1.

5 Brady, Tom. Entrevista, podcast Armchair Expert. Disponível em: <https://armchairexpertpod.com/pods/tom-brady>. Acesso em: 20 abr. 2021.

na área, mas, por enquanto, basta dizer que precisei continuar atento. Na história bíblica em que o Senhor ordena a Abraão que sacrifique o filho Isaque, que bom que o patriarca estava ouvindo quando Deus instruiu que ele mudasse de plano.

E você? Tem analisado a trajetória da sua vida? Não espere para olhar para trás. Tenho permanecido firme na escrita por 20 anos. No capítulo seguinte, nós nos aprofundaremos na explicação de por que olhar para o passado ajuda a avançar rumo ao futuro.

14

TERMINE O DIA COM A ESPERANÇA RENOVADA

Já foi dito que, daqui a cinco anos, você provavelmente não mudará nem se aperfeiçoará sem o impacto de outra pessoa na sua vida.[1] Você permanecerá exatamente o mesmo. Para a maioria de nós, se mudarmos, será por causa de desafios e obstáculos que nos ajudam a crescer e amadurecer, junto com a prestação de contas tão importante na maturidade.

O que mais pode ajudá-lo? Relembrar o dia.

Conforme escreveu Michael Hyatt, autor e especialista em produtividade: "Esforce-se para dedicar tempo à reflexão todos os dias. Que ideias são importantes de fato para você? O que você está sentindo? Dê a si mesmo espaço para pensar ao longo do dia, refletindo incluindo sobre as decisões diárias, vitórias, perdas, ideias, *insights* e tudo mais que tornou o dia único. Esse exercício garante que você permaneça conectado a um porquê mais amplo, que não se perde nas minúcias da vida".[2]

---

[1] Hyatt, op. cit., p. 50.

[2] Ibid., p. 84-85.

Às vezes, precisamos nos *lembrar da esperança*. Precisamos olhar para trás e nos dar conta de que houve um tempo em que a esperança estava viva e bem dentro de nós.

Também devemos nos esforçar muito para simplesmente *lembrar*. Conforme me explicou a neurocientista Lisa Barrett, não nos lembramos dos eventos em si.[3] Nosso cérebro se lembra da última vez em que formamos uma memória desse evento. Isso pode acontecer até ao longo do dia, quando relembramos o que ocorreu. Significa que nos lembramos da memória, não do evento em si. Nosso cérebro está constantemente desconstruindo e reconstruindo memórias.

Ao olhar para trás no dia e fazer a rotina de reflexão, ajudamos o nosso cérebro a dispor os acontecimentos de maneira lógica, ponderar e refletir sobre eles, a fim de nos recordar deles de modo correto.

Durante a rotina de reflexão sobre o dia, você processará e registrará os acontecimentos. Relembrará as suas anotações e as fortalecerá, dia após dia.

Mas refletir é mais do que simplesmente olhar para trás. Trata-se também de uma maneira de olhar para frente. Relembramos para sermos capazes de tomar decisões melhores amanhã. As boas memórias são as que queremos repetir. As memórias ruins são as que deixamos no passado, ao qual pertencem, para nunca mais nos incomodarem.

***

Para aqueles que creem na evolução humana (a propósito, não sou um deles), existe o ponto de vista amplamente aceito de que o primeiro *Homo sapiens* que se levantou começou a cozinhar o próprio alimento e a argumentar com os outros também inventou o conceito de esperança. Entre vários outros motivos, não acredito nisso porque entendo a esperança como parte do nosso DNA.

---

[3] Barrett. Entrevista.

Fomos criados desde o princípio para ter esperança. Ela está imbuída em quem somos como espécie. Embora possa ser verdade que outros "animais" não têm esperança, isso não quer dizer que nós a inventamos, como se fosse uma conveniência aleatória.

E, embora sejamos programados para ter esperança, também precisamos trabalhar duro para renová-la, e nesse sentido uma breve sessão de reflexão pode ajudar. Dá para relembrar os momentos de esperança que registramos na rotina matinal e pensar em como eles podem se tornar realidade. Em contrapartida, conforme alguns leitores dos originais deste livro descobriram ao colocar em prática as rotinas, há momentos em que a esperança mais se parece um desejo ou fantasia. A reflexão nos ajuda a identificar a diferença.

Como parte da reflexão diária, é importante imaginar uma versão futura de nós mesmos, uma reunião dos momentos de esperança transformados em um ser. Avaliamos os momentos de esperança um a um. Imaginamos alguém bom e amoroso, paciente, que se importa com os feridos e perdidos. Olhamos para trás e pensamos em como começamos a construir esse indivíduo, um momento de esperança de cada vez.

A reflexão também envolve examinar os nossos momentos de distração. Quando saímos do rumo da construção da pessoa que desejamos nos tornar? Quando não estivemos à altura dessa pessoa com significado e propósito?

Entendo que a "produtividade com propósito" é menos urgente, menos ligada ao gerenciamento do tempo, menos relacionada a uma lista perfeita de tarefas, e mais conectada à sincronização entre o que fazemos todos os dias e quem desejamos ser.

Conforme veremos na parte 2 deste livro, distrações como e-mails, redes sociais e navegação aleatória pela *internet* podem nos afastar dessa sincronia diária.

No livro *(In)distraível: como dominar sua atenção e assumir o controle de sua vida*, o especialista em produtividade Nir Eyal explica que houve uma época em que os estoicos viam os livros como uma distração daquilo que realmente importava — a saber, trabalhar duro.[4] (Entendo o que eles queriam dizer, mas, por favor, não deixe este livro de lado). Em 1942, a freira católica e ativista Dorothy Day escreveu em seu diário que precisava desligar o rádio, como forma de evitar distrações.[5] Jordan Raynor escreveu que C. S. Lewis achava os jornais muito superficiais.[6] Hoje culpo a Netflix e os podcast*s*. Há incontáveis formas de se distrair.

O autor Brendan Burchard observou que, segundo estudos recentes, as distrações podem reduzir em 20% a produtividade. As distrações relacionadas ao trabalho profundo e a tarefas mentalmente exaustivas podem cortar a nossa produtividade pela metade.[7]

O filósofo John Stuart Mill criou um experimento mental interessante, que pode ter relevância para a sua rotina de reflexão sobre o dia em sete minutos. Suponha que você consiga estalar os dedos e de repente se tornar a versão futura de si mesmo. Alguns aproveitariam na hora a oportunidade. Todas as nossas opiniões seriam validadas! Todos os nossos pequenos problemas cotidianos se resolveriam de repente!

Mas não saberíamos *como* validamos essas opiniões nem como resolvemos as batalhas. Se, de repente, nós nos tornássemos esse eu do futuro, não desfrutaríamos a alegria e felicidade da resolução e do crescimento. Conforme observa Ryan Holiday, a alegria vem por meio da resolução.[8]

Na rotina matinal, você anota *insights* aleatórios e momentos de esperança e foca nas prioridades, mas, à noite, na reflexão diária,

---

[4] Eyal, Nir. Indistractable: How to Control Your Attention and Choose Your Life. Dallas: BenBella Books, 2019, p. 13.

[5] Holiday, op. cit. p. 32.

[6] Raynor, Jordan. **Redeeming Your Time**: 7 Biblical Principles for Being Purposeful, Present, and Wildly Productive. Colorado Springs: WaterBrook, 2021.

[7] Burchard, op cit., p. 179.

[8] Holiday, op. cit. p. 120.

você olha para trás e reflete sobre o que aprendeu e como pode progredir, pouquinho a pouquinho. Conforme você verá, olhar para trás ajuda a tomar decisões melhores.

Por exemplo, nos primeiros anos do nosso casamento, a minha esposa Rebecca às vezes me pedia para fazer um orçamento mensal. Eu resistia e, para ser completamente honesto, ainda resisto. Era uma luta, porque não sou um cara dos números. Eu costumava responder com raiva: "Você queria ter se casado com um contador!". Tínhamos a mesma briga repetidas vezes, o que talvez seja uma das definições de um casamento saudável. Continuamos a tentar resolver um problema sem solução. Afinal, de fato, não sou contador.

A história de como essa questão se resolveu é reveladora!

Olhamos para trás, lembrando aquela época de brigas e, por fim, percebemos qual era a grande questão: ela é melhor em administrar o dinheiro do que eu. A lição não era para que eu assumisse algo que odeio fazer. Era melhor abrir mão do controle sobre as nossas finanças e deixá-la exercer excelência em sua área de especialidade. A batalha não estava ligada aos nossos dons, mas, sim, ao meu controle. Consigo dar risada disso hoje, mas sei que estou em boa companhia. O líder eclesiástico e autor Chuck Swindoll comentou certa vez que a esposa dele é quem "fecha as contas" e ele não faz nem ideia das despesas familiares.[9]

Com a sua reflexão diária, você olhará para o passado, para as partes feias e bonitas dele. Aprenderá a fazer as coisas de maneira diferente no dia seguinte e no outro também.

Você está pronto para começar a jornada de reflexão e progresso? A olhar para trás e analisar o dia que passou como estratégia de planejamento do próximo dia? A transformação está à sua espera!

---

[9] Swindoll, Chuck. "It's Only Money", **Insights for Living**, vídeo em arquivo. Disponível em: <https://www.insight.org/resources/video-library/individual/175/its-only-money>. Acesso em: 20 abr. de 2021.

ROTINA DE REFLEXÃO SOBRE O DIA

Nosso hábito final é a rotina de reflexão sobre o dia. Essa rotina engloba muitos detalhes em um curto período, então esteja pronto para anotar rapidamente os seus pensamentos dentro do tempo estimado.

◉ **Antes de começar: *prepare-se***

Antes de começar, tenha um diário em mãos. Você também revisará algumas anotações da rotina de planejamento diário. Se tiver anotado alguma coisa durante as outras rotinas, é bom deixar tudo disponível também. A reflexão sobre o dia diz respeito tanto a desaprender maus hábitos quanto a aprender novos. Por isso, é importante ser honesto consigo mesmo. Você deve registrar o que deu certo, mas também o que não funcionou. O objetivo é revisar se as atividades, tarefas, reuniões e acontecimentos dos seu dia são compatíveis com as suas metas de vida.

Minuto 1: *comece com gratidão*

Anote pelo menos uma coisa pela qual você é grato em relação ao dia. Pode ser algo incrivelmente específico — alguém que sorriu e notou os seus esforços. Também pode ser mais genérico e relacionado a uma emoção ou um pensamento. Escreva todas as tarefas que você concluiu com sucesso, metas ou marcos alcançados. Circule todos os sucessos ou tarefas relacionadas às suas metas de vida.

Minuto 2: *elimine os pensamentos negativos*

Dedique exatamente um minuto para anotar quaisquer pensamentos, eventos ou acontecimentos negativos. Podem ser tarefas que não parecem ter valido a pena, algo que não alcançou o resultado esperado em um projeto ou o fato de você ter falado alto demais com os filhos. Anote qualquer coisa que esteja causando estresse ou impondo um desafio.

Minuto 3: *liste as suas distrações*

Listas longas não aumentam a produtividade. Por isso, neste passo, liste somente algumas das coisas que lhe causaram distração durante o dia. Você passou tempo demais nas redes sociais? Comprou *donuts* com glacê de açúcar? Ao anotar aquilo que o distraiu ou, quem sabe, tirou-o do trilho certo, escreva por que também. Antes de tudo, o que causou a distração?

Minuto 4: *relembre os seus momentos de esperança*

Aqui está a parte divertida: de manhã, você registrou os momentos de esperança que o encheram de alegria e o fizeram se sentir repleto de discernimento e inovação. Anote-os de novo, como estratégia de lembrança. Dedique tempo para os relembrar e ponderar em como impactaram o seu dia. Aprecie esses *insights*.

Minutos 5 a 6: *pondere sobre o dia*

Agora dedique algum tempo para refletir sobre o acontecimentos do dia. Circule o maior sucesso ou a maior realização. Elimine qualquer distração, elemento de estresse ou desafio que você enfrentou, a fim de se lembrar de que eles acabaram para sempre, pelo menos naquele dia específico. Sinta-se livre para riscar com um X vermelho bem grande.

Minuto 7: *revise*

Faça uma revisão final. Aprecie os sucessos e alegrias do dia, expressando gratidão por eles de forma verbal ou escrita.

PARTE 2

LIVRE-SE DOS MAUS HÁBITOS

SEÇÃO 5

Obsessão por conferir os e-mails

A *internet* nos deu acesso a tudo,
mas também deu a tudo acesso a nós.
James Veitch

15

HOUSTON, TEMOS UM PROBLEMA COM OS E-MAILS!

Em 2015, o comediante James Veitch entrou no palco durante uma TED Talk usando óculos engraçados e um sorriso mais divertido ainda. Ele sorria de forma sarcástica, como quem sabe das coisas. Esse cara tem um sotaque britânico inconfundível e parece que está pronto para fazer parte do grupo de comédia inglês Monty Python.[1] Como a maioria dos palestrantes em TED Talks, ele carregava um passador de slides para controlar sua apresentação. Vestia um terno, mas sua fala era tudo, menos formal.

Veitch começou mencionando um homem chamado Salomão Odonkoh. Ele pausou por um instante para deixar as pessoas assimilarem o nome. Por que parece tão esquisito? Porque é falso. Essa pessoa não existe. É um *bot*. O público murmurou um pouco e deu até para ouvir umas risadinhas. Veitch sorriu como o

---

1 Veitch, James. "This Is What Happens When You Reply to Spam E-mail", TED, dezembro de 2015. Disponível em: <https://www.ted.com/talks/james_veitch_this_is_what_happens_when_you_reply_to_spam_emai>. Acesso em: 17 set. 2024.

gato de *Alice no país das maravilhas* e colocou a mão no quadril. "É, eu sei!", brincou.

Esse cara tem uma personalidade envolvente e uma oratória maravilhosa, mas o lado sombrio por traz de sua TED Talk — vista, segundo a última contagem, por mais de 63 milhões de pessoas — é que *nós sentimos a dor dele.*

Veitch explicou uma conversa que teve com Odonkoh por e-mails que não só saiu dos trilhos, como também caiu despenhadeiro abaixo e explodiu, deixando apenas um sinal de fumaça. A grande lição? A prática de spam está arruinando a nossa vida. Assim como o e-mail. Vagamos pela espessa sopa primordial das mensagens pela *internet* como neandertais na idade da pedra. Acertamos alguns e-mails com o nosso cassetete de madeira, mas, em grande parte, ficamos perdidos em uma montanha de mensagens miseráveis.

***

De acordo com o grupo Statista, em 2020 os seres humanos enviaram 306 bilhões de e-mails ao redor do mundo. Até 2024, a expectativa é que esse número aumente para cerca de 362 bilhões de e-mails.[2] Meu palpite é que, após os primeiros bilhões, começamos a perder as contas. Às vezes, parece que só na minha caixa de entrada há cerca de 1 milhão desse total. Conseguimos lidar com cerca de cinco ou seis coisas de uma vez, mas a sobrecarga cognitiva acontece quando começamos a equilibrar mais dez ou 15. Estamos com os braços cheios de sacolas de supermercado. Então acrescentamos uma criança pequena, uma bolsa, um telefone e alguns filhotes de gato ao mesmo tempo.

Precisamos de uma nova abordagem. Conferir o e-mail obsessivamente não é a melhor maneira de passar o tempo. Uma mudança

---

[2] JOHNSON, Joseph. "Number of E-mails Per Day Worldwide 2017–2025", **Statista**, 7 de abril de 2021. Disponível em: <https://www.statista.com/statistics/456500/daily-number-of-email-worldwide/>. Acesso em: 17 set. 2024.

de paradigma — ver os e-mails sob uma nova luz, como algo que podemos dominar dentro de um período predeterminado — muda tudo.

Vivenciei isso em uma viagem recente de escrita. Fiquei no mesmo hotel em duas ocasiões diferentes. Não foi no mesmo quarto, mas parecia ser. Na segunda vez, mudei a perspectiva. Coloquei a escrivaninha em frente à janela. Era possível ver um campo em uma fazenda à distância. Vi gansos canadenses voando baixo no horizonte. Observei o meu motorista de Uber estacionar.

Foi revigorante porque senti que havia encontrado esperança mais uma vez. Eu entrava "em outra dimensão", olhando os gansos e digitando as palavras. E adivinhe? Só conferi o meu e-mail uma ou duas vezes durante a viagem. Estava engajado. Administrei o meu e-mail seguindo a rotina apresentada posteriormente nesta seção.

COMO RESOLVER O PROBLEMA

Immanuel Kant é célebre pela frase: "Sabedoria é [uma] vida organizada".[3] Embora o filósofo moral que conhecemos anteriormente neste livro nunca tenha precisado verificar os e-mails, ele era extremamente regrado em sua abordagem.

É o oposto de como C. S. Lewis descreveu a nossa condição. Estamos todos "correndo por aí com extintores de incêndio sempre que há uma enchente", ele escreveu.[4] Pense naqueles e-mails tipo spam que James Veitch mencionou em sua TED Talk.

Não estar em dia com os e-mails leva a sentimentos profundos de culpa e ansiedade no trabalho e na vida. Pensamos que precisamos zerar as mensagens o dia todo. Quando não temos uma caixa de entrada limpa, achamos que alguém descobrirá e questionará

---

[3] "Immanuel Kant", StriveZen. Disponível em: <https://www.strivezen.com/wisdom-is-organized-life>/. Acesso em: 14 jul. 2021.

[4] Lewis, C. S. **The Screwtape Letters**. New York: HarperCollins, 2001, p. 138.

a nossa produtividade. A autora e *podcaster* Jocelyn Glei diz que precisamos tomar medidas drásticas para recuperar o controle do nosso tempo. Passamos cerca de 28% do dia perdidos em um esgoto de e-mails.[5] Glei sugere até mesmo usar um segundo *laptop* em casa, que não permita acessar e-mails de trabalho.

E se eu lhe disser que não precisamos manter uma caixa de entrada zerada? E se, em vez disso, nós nos dedicássemos a coisas mais importantes? O investidor Warren Buffett afirmou que, em geral, o trabalho depende do que *não fazemos* e do que evitamos fazer — no caso dele, são os investimentos que ele *não fez*. Vale a pena repetir uma história bem conhecida: certa vez, Buffett pediu ao piloto de seu jato particular que fizesse uma lista de 25 objetivos. Sugeriu então que o homem circulasse os cinco primeiros objetivos. O piloto perguntou o que deveria fazer com os 20 restantes, uma vez que eles também eram importantes. Buffett disse que ele deveria evitá-los a todo custo.[6]

Ele poderia muito bem-estar falando sobre a nossa caixa de entrada. A maioria dos nossos e-mails *não* vale a pena ser processada. O da sua contadora não é tão importante. Se ela precisar que você faça alguma coisa, vai dar um jeito de encontrá-lo. Verificar os e-mails o tempo todo é como lançar aviões de papel dentro do escritório. Você pode fazer um com bastante facilidade, jogá-lo do outro lado da sala e vê-lo voar. E, no entanto, eles se afastam inofensivamente. A maioria dos e-mails é bem desprovida de emoções e consiste em um substituto fraco para a comunicação pessoal face a face ou, pelo menos, para uma chamada pelo Zoom. Da mesma forma, não há comparação entre um avião de papel e um de verdade.

---

[5] Glei, Jocelyn K. **Unsubscribe**: How to Kill E-mail Anxiety, Avoid Distractions, and Get Real Work Done. New York: PublicAffairs, 2016, p. 5.

[6] Clear, James, "Warren Buffett's '2 List' Strategy: How to Maximize Your Focus and Master Your Priorities", James Clear. Disponível em: <https://jamesclear.com/buffett-focus>. Acesso em: 21 abr. 2021.

Há uma razão para isso. O e-mail é esotérico. Transmitimos mensagens para as pessoas, mas nunca sabemos onde elas pousarão. Não sabemos quando, nem mesmo se elas chegarão. (Os entendidos de tecnologia sabem que há um jeito de fazer isso usando um e-mail verificado, mas vamos seguir em frente). A grande questão é que não conseguimos enxergar o outro, ler a linguagem corporal, fazer contato visual ou ouvir o tom de voz. O e-mail é projetado para ser impessoal.

Aliás, isso é conhecido como *comunicação assíncrona*. Mandar e esquecer. Esperamos que as mensagens cheguem a seu destino. Não sabemos quando, nem onde os destinatários as lerão. É como dar um tiro no escuro.

Se você disser algo pessoalmente (que é sempre *síncrono*), poderá ver a reação e então pedir desculpas e explicar por que estava de mau humor. Se você mandar e-mails demais, isso é considerado spam. Se você enviar ainda mais, é considerado sinal de produtividade. Ser você escrever um e-mail longo demais, ninguém lerá. Caso o seu e-mail seja curto demais, pode causar confusão.

Ou seja, todo e qualquer e-mail é só uma questão de esperar para ser incompreendido.

Felizmente, você pode se tornar mais produtivo usando e-mails, mas é necessário definir limites, usar os e-mails com eficácia e não enfatizá-los em excesso. A rotina de e-mails apresentada posteriormente nesta seção pode ajudá-lo a domar essa fera.

ENTRE NA ROTINA DE E-MAILS

A rotina de e-mails em sete minutos tem embasamento científico. Além de haver evidências sugerindo que processamos os e-mails de forma incorreta, existe também um princípio científico por trás do meu método de uso do e-mail. Tudo gira em torna da limitação da frequência em verificar as mensagens.

Em tudo que você faz no trabalho ou na vida, é muito mais eficiente seguir uma das melhores dicas de produtividade já inventadas, conhecida como o princípio do "toque único". Esse princípio tem sua origem no mundo do papel analógico.

Antes de a tecnologia digital tomar conta do mundo, os documentos em papel dominavam os escritórios. Quando alguém deixava um documento sobre a sua mesa, ou você lidava com ele no momento, uma vez que a interrupção já tinha acontecido, ou o arquivava para depois. O "toque único" significa que você não precisará voltar ao documento depois.

O guru da produtividade David Allen criou uma técnica semelhante no livro *A arte de fazer acontecer: o método GTD (Getting Things Done) — estratégias para aumentar a produtividade e reduzir o estresse*. Chama-se a regra dos dois minutos.[7] Se você precisa realizar uma tarefa e só levará dois minutos para concluí-la, é melhor fazer naquele exato momento. Não há razão para esperar até mais tarde.

Processar e-mails é semelhante. Temos a tendência de verificar e-mails o dia inteiro, mas, quando fazemos isso, criamos um círculo de retornos decrescentes. Paramos, conferimos as mensagens, as analisamos, respondemos algumas, depois voltamos para outro projeto (ou navegamos pela *internet* em busca de suéteres e sapatos). É possível que apenas meia hora depois comecemos tudo de novo.

Que ciclo terrível!

O autor e professor Cal Newport chama isso de *atenção residual*.[8] Quando somos interrompidos e começamos uma nova tarefa, o nosso cérebro ainda está pensando na tarefa anterior.

---

[7] Allen, David. **Getting Things Done**: The Art of Stress-Free Productivity. New York: Penguin, 2015, p. 136.

[8] Newport, Cal. "A Productivity Lesson from a Classic Arcade Game", **Study Hacks Blog**, 6 de setembro de 2016. Disponível em: <https://www.calnewport.com/blog/2016/09/06/a-productivity-lesson-from-a-classic-arcade-game/>. Acesso em: 17 set. 2024.

Ao contrário de Taylor Swift, não conseguimos simplesmente deixar para lá, como ela diz na música *Shake It Off*.[9]

O e-mail cria um ciclo de *feedback* no cérebro. Verificamos, enviamos, verificamos, enviamos. A força motriz por trás dessa obsessão por e-mails é baseada em um princípio científico. A pesquisadora Linda Stone realizou um estudo interessante em 2012 sobre como o cérebro nos recompensa com uma alta de dopamina quando recebemos um e-mail positivo.[10] Também recebemos uma dose de serotonina quando lemos um e-mail negativo — é a mesma substância química que nos alerta sobre um fogão quente ou nos faz gritar quando pisamos em um LEGO.

Stone explica que somos obcecados por esse *microfeedback*. É a mesma razão que nos faz verificar constantemente os *feeds* das redes sociais, na esperança de ver se uma das nossas publicações se tornou popular e foi alvo de comentários.[11]

No mundo real, podemos receber uma dose de dopamina quando pedalamos por vários quilômetros e voltamos para casa ou quando fazemos uma apresentação de vendas no trabalho e centenas de pessoas nos aplaudem de pé. No entanto, a recompensa por e-mails é superficial e insuficiente. Não é real.

Ver que o patrão finalmente respondeu à nossa proposta de colocar uma cesta de frutas na sala de descanso para incentivar uma alimentação saudável? Podemos até experimentar a mesma sensação de leve euforia da dopamina, mas não é o mesmo que

---

[9] Bem na época em que eu estava escrevendo este capítulo, a empresa financeira Capital One fez um comercial sobre tomar decisões. Taylor Swift caminha até seu closet, cheio de cardigans parecidos, e escolhe um. Se você estiver contando, saiba que esta é a única referência a Taylor Swift no livro inteiro. De nada.

[10] STONE, Linda. "Are You Breathing? Do You Have Email Apnea?", Linda Stone. Disponível em: <https://lindastone.net/2014/11/24/are-you-breathing--do-you-have-email-apnea/>. Acesso em: 21 abr. 2021.

[11] BRANDON, John, "How a Digital Detox Changed My Tech Habits", Fox News, última atualização em 4 de novembro de 2015. Disponível em: <https://www.foxnews.com/tech/how-a-digital-detox-changed-my-tech-habits>. Acesso em: 17 set. 2024.

terminar uma maratona. Só que o nosso cérebro não percebe isso. Temos o mesmo senso de realização quando marcamos um gol em um jogo de futebol virtual sentados em um sofá comendo *nachos* e *salsa*.

Desejamos essas pequenas recompensas o tempo todo. Quanto mais verificamos o e-mail e vemos o sucesso nas nossas mensagens, mais desejamos a recompensa. O ciclo se repete várias vezes, o dia inteiro. Caso você esteja na dúvida, *sim, parece obsessão*. O médico Vincent Felitti define *obsessão* como "uma busca constante por algo que está apenas um pouco fora do nosso alcance".[12] Ele poderia muito bem estar falando sobre e-mails.

O e-mail jamais preencherá um vazio; nunca satisfará o nosso desejo de contato humano próximo nem resolverá relacionamentos rompidos. Essas coisas acontecem pessoalmente. Se houver um computador ou telefone envolvido, os problemas da vida real não serão resolvidos. Conforme analisaremos, definir parâmetros no gerenciamento de e-mails ajuda a recuperar muitas horas perdidas. Os especialistas até sabem a quantidade exata de tempo que você pode recuperar.

[12] Ortberg, John. **Eternity Is Now in Session**: A Radical Rediscovery of What Jesus Really Taught about Salvation, Eternity, and Getting to the Good Place. Carol Stream, IL: Tyndale, 2018, p. 100.

16

RECUPERE 30 HORAS DE TRABALHO

A maioria de nós tem uma relação de amor e ódio com o e-mail. Sabemos que faz parte da vida, mas poucos de nós gostamos de gerenciá-lo o dia todo. O chefe nos manda uma mensagem tarde da noite. Abrimos na mesma hora porque é assim que achamos que a produtividade funciona. Alguns e-mails vão para a pasta de spam por engano, então temos que verificar lá. Muitos dos nossos e-mails são superficiais, chatos, insossos e irritantes. Quanto mais e-mails recebemos, mais tempo investimos na organização da nossa caixa de entrada.

Em 2015, fiz uma predição gloriosa que se mostrou ser (majoritariamente) verdadeira. Deixe-me fazer uma pausa para dar um tapinha nas minhas costas e alimentar o meu ego. Pronto, terminei!

Previ a morte do e-mail há cerca de sete anos.[1] Ainda não está totalmente morto no final de 2022, mas eu estava certo em relação a uma coisa: empresas inteiras agora preferem fazer uso

---

[1] Brandon, John, "Why Email Will Be Obsolete by 2020", **Inc.**, 16 de abril de 2015. Disponível em: <https://www.inc.com/john-brandon/why-email-will-be-obsolete-by-2020.html>. Acesso em: 17 set. 2024.

de aplicativos de mensagens colaborativas como o Slack, em lugar do e-mail. Os funcionários parecem felizes com a mudança. Acho um sucesso porque o e-mail não é mais a principal forma de comunicação. (Preciso admitir, porém, que isso só é verdade em determinadas equipes e para certos tipos de discussões).

Quando escrevi pela primeira vez sobre os e-mails estarem entrando em coma, na maioria das vezes para a minha coluna da *Inc.*, os leitores concordaram e deram um "toca aqui" uns nos outros — ou, pelo menos, imaginei que fariam. O rei está morto, vida longa ao rei! Milhões de pessoas aplaudiram a predição, embora algumas tenham parabenizado o meu pronunciamento me enviando um e-mail. Escrevi "#ironia" em resposta.

Outros não ficaram tão felizes. Escrever sobre a morte de um sistema de mensagens amado por quem o usa como ferramenta de *marketing*, por exemplo, criou certa tensão. Um dos meus debates preferidos ocorreu, adivinha onde? Justamente no Twitter! Publiquei um link para o meu artigo prevendo a condição crítica do e-mail como plataforma prioritária de acesso, e uma pessoa não parava de discutir comigo a esse respeito. Depois de algumas mensagens, o indivíduo percebeu que estava discutindo sobre o e-mail usando uma plataforma muito mais eficiente no que se refere a conversas e discussões rápidas. Tenho certeza de que ele não conseguiu encontrar o meu endereço de e-mail, certo?

Decidi sondar alguns especialistas em colaboração e perguntar por que o e-mail ainda é um mal necessário. O consenso foi claro: é porque não somos muito bons em processá-lo. Durante um telefonema com Wayne Kurtzman, pesquisador da empresa de análise de dados IDC, perguntei como o e-mail está destruindo a produtividade.[2] Quase engasguei com o meu endereço de e-mail quando ele me contou sobre os resultados de uma pesquisa recente. Ele disse que, quando os trabalhadores modernos dependem

---

[2] KURTZMAN, Wayne. Entrevista por telefone e e-mail com o autor em 3 de julho de 2020.

mais de aplicativos colaborativos como o Slack, recuperam 30 horas de trabalho por semana. Eu mal podia acreditar — então mandei um e-mail para ele!

"Wayne, pode me confirmar o que você disse?", escrevi.

"Sim, podemos recuperar 30 horas! A colaboração é um esporte em equipe, já o e-mail não. Ele não passa de uma coleção de depósitos pessoais de informações difíceis de encontrar e praticamente impossíveis de organizar com eficácia", ele respondeu de volta por e-mail.[3]

Encontrei, então, outra pesquisa, essa realizada pela Adobe, empresa famosa por criar o aplicativo de edição de imagens Photoshop e muitas outras ferramentas. Perguntei-me se uma segunda pesquisa negaria ou refutaria os resultados encontrados pela IDC. Quando li as descobertas, precisei parar e fazer uma pausa por um instante. A Adobe *também* descobriu que as pessoas passam 30 horas por semana correndo atrás de seus e-mails.[4] A trama se complica! São cerca de seis horas por dia. Minha nossa! Não é de se espantar que o cientista da computação Cal Newport tenha escrito um livro inteiro sobre o fato de que os e-mails arruinaram o ambiente de trabalho.[5]

Da mesma forma que a minha rotina matinal leva sete minutos e a minha pausa intencional tem a mesma duração, tendo a verificar os e-mails em picos rápidos de produtividade. Sou rápido como um relâmpago. Meus dedos clicam no teclado, deslizam pelo celular, digitando respostas — é como assistir a um jogador profissional usar um controle de Xbox, excetuando as bazucas e a carnificina total.

---

[3] A ironia presente no fato de que essa interação aconteceu por e-mail não me passou despercebida.

[4] JAMES, Geoffrey. "New Study: The Average Worker Spends 30 Hours a Week Checking E-mail", **Inc.**, 27 de agosto de 2015. Disponível em: <https://www.inc.com/geoffrey-james/new-study-the-average-worker-spends-30-hours-a-week-checking-email.html>.

[5] NEWPORT, Cal. **A World Without E-mail**. New York: Penguin, 2021.

Por cerca de sete minutos, fico completamente focado. Passo o tempo filtrando mensagens e depois sigo em frente para outras tarefas. Antecipamos os conflitos, o drama, a falta de resolução. Ficamos nervosos e tristes. Newport diz que o e-mail é uma plataforma terrível para lidar com as nuances emocionais da vida. Esse tipo de sistema de mensagens parece promover a desconexão emocional.

O autor e especialista em produtividade Chris Bailey tem uma teoria sobre o porquê disso. Sentimos sobrecarga de atenção e nos tornamos zumbis enquanto navegamos pelos e-mails e deixamos tantos deles fechados.[6]

Essa é uma das razões pelas quais o aplicativo de e-mails *Superhuman* mostra apenas um e-mail por vez em sua interface padrão, em vez de uma lista. Os criadores do aplicativo insistem que essa é a melhor maneira de lidar com as suas mensagens a fim de evitar sobrecarga. Isso confirma o argumento de Bailey — o e-mail exige atenção demais.

Há uma ironia aqui. O jornalista britânico Oliver Burkeman disse uma frase famosa sobre o ambiente de trabalho moderno: "A sua atenção é alvo de spam o dia inteiro".[7] Achamos que a nossa caixa de entrada contém as mensagens importantes, e o resto desaparece. Nunca precisamos ler sobre o príncipe nigeriano e sua grande necessidade de apoio financeiro. No entanto, todos os e-mails parecem spam depois de um tempo. Essa é uma das razões pelas quais o Center for Creative Leadership [Centro de liderança criativa] diz que a maioria das pessoas atualmente trabalha em média 72 horas por semana.[8] Somos fisgados pelos e-mails como peixes no anzol.

---

[6] BAILEY, Chris. **Hyperfocus**: How to Be More Productive in a World of Distraction. New York: Penguin, 2018, p. 41.

[7] HYATT, op. cit., p. 13.

[8] DEAL, Jennifer J. "Welcome to the 72-Hour Work Week", **Harvard Business Review**, 12 de setembro de 2013. Disponível em: <https://hbr.org/2013/09/welcome-to-the-72-hour-work-we>. Acesso em? 17 set. 2024.

Cal Newport não mede esforços para evitar e-mails. Ele não tem um endereço de e-mail público que realmente chegue até ele. Em uma entrevista para um *podcast* com o especialista em bem-estar Rich Roll, contou que um pesquisador de Stanford que ele conhece, mas preferiu não citar o nome, nem sequer tem um endereço de e-mail. Ele não quer "ser o mais bem informado da turma" e prefere se concentrar em sua pesquisa. Em vez disso, conta com uma caixa postal. Para entrar em contato com ele, é preciso enviar uma carta, que seu assistente pega e coloca em sua caixa de correio física.[9]

O autor de ficção científica Neal Stephenson também não usa e-mail. Ele explicou que quer se concentrar na escrita, não na correspondência, para lidar com suas preocupações mais relevantes e imediatas. Ele conta para os leitores que é mais produtivo assim. Stephenson não quer que você o incomode.[10]

A maioria de nós não pode se dar a esse luxo. O e-mail é necessário no ambiente empresarial. No entanto, podemos relegar o e-mail a um lugar de menor destaque. Para fazer isso e recuperar 30 horas de trabalho por semana, um bom primeiro passo é realizar um experimento a fim de detectar quanto você é dependente desse meio de comunicação.

O experimento funciona assim: durante um dia inteiro, registre com que frequência você verifica os seus e-mails. Pode ser apenas por um segundinho ou uma sessão mais longa. Acompanhe o número total de sessões que você realizou no trabalho e em casa, seja no celular, *tablet*, computador ou qualquer outro dispositivo.

Vamos supor que cada sessão tenha durado uma média de 15 minutos. Se você conferir o e-mail 20 vezes por dia, muito abaixo do que é típico para a maioria dos funcionários de escritório,

---

9 Roll, "Digital Minimalism with Cal Newport".

10 Stephenson, Neal. "Why I Am a Bad Correspondent", Neal Stephenson. Disponível em: <https://www.nealstephenson.com/why-i-am-a-bad-correspondent.html>. Acesso em: 29 abr. 2021.

são cinco horas de mensagens eletrônicas por dia. Supondo que você faça isso todos os dias da semana e um pouco no fim de semana, dá um total de 30 horas.

Estou aqui para dizer que você pode vencer essa batalha. Porque eu venci! No capítulo seguinte, você fará o desafio do e-mail, a fim de quantificar quanta perda de produtividade essa plataforma de mensagens tem lhe causado. Por ora, basta saber quanto tempo você gasta nisso por semana.

Por volta de 2018, comecei uma série de artigos sobre os *millennials* e o que os cativa. Uma coluna mencionou que eles tendem a odiar as gerações mais velhas, incluindo qualquer um com mais de 50 anos.[11] Isso gerou um incômodo. Por uma semana inteira, minha caixa de entrada estava a ponto de explodir. Recebia várias centenas de e-mails por dia sobre o assunto. Foi uma mistura de *millennials* irritados dizendo que o artigo não foi verdadeiro, gerações mais velhas concordando comigo, *millennials* dizendo que gostaram do que falei e algumas almas perdidas da Geração Z se perguntando por que alguém se importava com tudo aquilo. Fiquei um pouco surpreso, porque achava que a Geração Z nem usava e-mail.

Fiquei meio obcecado com esse grande fluxo de e-mails, mas no bom sentido. A cada poucas horas, analisava um novo lote. Foi uma semana estranha. Ainda assim, porém, decidi responder aos e-mails mais atenciosos. E me solidarizei com os leitores que disseram que se sentiam incompreendidos. Respondi aos leitores irritados e tentei iniciar uma discussão saudável com eles.

Aqui está a parte interessante: na época, apliquei um método simples de sete minutos a essas sessões de verificação de e-mails, algo que faço há anos. Fui intencional e deliberado em relação a isso. Deixei de lado quaisquer razões pessoais para querer ler o que as

---

[11] Brandon, John. "The Survey Results Are In: Millennials Hate Boomers", Inc., 28 de abril de 2018. Disponível em: https://www.inc.com/john-brandon/the-survey-results-just-came-in-millennials-hate-boomers-just-as-much-as-we-thought.html.

pessoas tinham a dizer sobre o meu artigo e simplesmente comecei a processar os e-mails de uma maneira mais focada nos resultados e em enxergar o e-mail como uma tarefa a ser dominada, em vez de ansiar pelas pequenas recompensas e as descargas de dopamina. Fiz isso a fim de conseguir responder com maior rapidez.

Foi revigorante ter uma postura mais intencional em relação ao meu e-mail. Assim como a minha rotina matinal de sete minutos — escrever em um diário e anotar as preocupações do dia de maneira mais organizada — nos ajuda a ser mais deliberados com o nosso tempo, a rotina de e-mails nos ajuda a ter mais foco. A ciência do período de atenção continuada — o intervalo de tempo em que somos muito mais produtivos, eficientes e atentos, que é a base de todo este livro — tem se comprovado repetidamente.

Dedicava exatamente sete minutos verificando o meu e-mail e então o deixava de lado por horas. Não precisava conferi-lo o tempo todo em busca de novas mensagens. Ao introduzir novos parâmetros para a atividade comum de gerenciamento dos e-mails, eu a reduzi de uma atividade obsessiva e demorada para uma mais simples e agradável. É assim que tenho verificado o meu e-mail há muitos anos: sete minutos de cada vez.

Trata-se um exercício libertador. Você se torna mais consciente do motivo que o leva a gostar de verificar os e-mails, mas resiste à tentação de deixar que isso guie as suas ações — e arruíne a sua produtividade. Ao administrar os seus e-mails com mais disciplina, você se liberta para realizar tarefas mais importantes. Você descobrirá que pode alcançar muito mais no trabalho e na vida quando se tornar mais intencional e sistemático em relação a coisas que não causam impacto verdadeiro em quem você é e naquilo com que você de fato se importa. A intencionalidade conduz a mais eficiência.

Caso você leve a sério ter domínio sobre e-mails com o objetivo de liberar mais tempo e deseje definir parâmetros claros, será necessário começar com um desafio que pode ser um pouco desafiador.

17

O GRANDE DESAFIO DOS E-MAILS

No final de 2017, Katie Notopoulos, repórter do BuzzFeed, publicou um interessante artigo intitulado "Tentei enviar e-mails como um CEO e, para ser franca, isso tornou a minha vida melhor".[1] A autora afirmou que era apenas um experimento. (Entrei em contato com Katie ela, mas ela está atualmente em licença-maternidade).

Seu objetivo era descobrir se um estilo de e-mail curto e grosso a faria se sentir mais no controle de sua caixa de entrada. Ela começou a responder aos e-mails de maneira concisa, muitas vezes usando apenas algumas palavras que a faziam parecer ligeiramente agitada.

"Precisarei dizer não", ela escreveu para um contato de relações públicas. Ela recorreu principalmente ao telefone e parou de se preocupar com o que as outras pessoas pensavam de sua atitude. O curioso é que funcionou, não tanto para o destinatário

---

1 Notopoulos, Katie. "I Tried Emailing Like a CEO and Quite Frankly, It Made My Life Better", BuzzFeed News, 30 de novembro de 2017. Disponível em: <https://www.buzzfeednews .com/article/katienotopoulos/i-tried--emailing-like-your-boss>. Acesso em? 17 set. 2024.

— ela não menciona como as pessoas reagiram a seu tom — mas para sua produtividade pessoal. Ela se comparou a Mark Cuban, o famoso empresário que também costuma enviar e-mails de respostas com apenas uma palavra.

"Deixe-me recomendar que você faça a tentativa de usar essa abordagem", escreveu. "Fiquei indizivelmente feliz por não precisar me estressar tanto com os e-mails, ao ser um pouquinho impolida e rápida nas minhas respostas. Incentivo todos a fazer essa experiência!".[2]

***

Para deixar bem claro, não estou recomendando essa estratégia. Mencionei o estilo de e-mail rude por dois motivos. Primeiro, *a luta é real*. Caio na armadilha de ser abrupto demais nos meus e-mails. Segundo, *é preciso haver uma abordagem melhor*. Achei interessante que Notopoulos tenha adotado essa abordagem e fiquei curioso para saber se ela continua a enviar respostas curtas como um chefe. No entanto, serei o primeiro a dizer que é tentador. Por que não dizer às pessoas o que realmente pensamos por e-mail? Por que não ir direto ao ponto?

O problema é que isso demonstra falta de empatia com o destinatário. Não quero ser "aquele cara" que envia e-mails grosseiros o dia inteiro. Minha maior descoberta recente sobre esse tipo de mensagem eletrônica é que o grande segredo para o sucesso está nos relacionamentos. Há uma pessoa do outro lado do endereço de e-mail. Ele ou ela provavelmente tem uma família, paga um financiamento de casa própria e enfrenta problemas familiares.

Como lidamos com o dilúvio de e-mails é importante porque as pessoas que os recebem são importantes. São colegas de trabalho, chefes, colegas e clientes. São familiares e amigos.

---

[2] Um dos leitores do manuscrito deste livro mencionou um truque ótimo. Ele disse que é possível estimular as pessoas a serem breves e polidas em suas respostas por e-mail ao elaborar a sua mensagem de tal modo que seja necessária uma resposta de apenas uma palavra.

O grande desafio dos e-mails

Embora seja verdade que a geração mais jovem depende cada vez menos do e-mail, de acordo com a maioria dos estudos, eles terão um choque. Trata-se de um ritual diário nos negócios e na vida à medida que envelhecemos. Não podemos simplesmente excluir as nossas contas de e-mail. O domínio com habilidade é melhor do que a abstinência neste caso. A maioria de nós não pode deletar o endereço de e-mail na hora que quiser, mas temos a opção de usá-lo com mais sabedoria.

Aqui está o meu desafio para você: antes de iniciar a rotina de e-mails apresentada posteriormente nesta seção, *fique sem entrar em todos os seus e-mails por três dias seguidos.* Você pode programar uma resposta de ausência temporária ou excluir o seu aplicativo de e-mail no celular. Informe a todos que você está fazendo isso. Pergunte ao seu chefe se não há problema em fazer o experimento e explique que você disponibilizará um método de contato alternativo, tal como número de celular, bate-papo nas redes sociais ou mensagens de texto.

Chamaremos o desafio de jejum de e-mails. O que o torna tão importante é que ajudará você a limpar a sua mente e agenda. Você não se concentrará no e-mail durante o dia nem realizará, como Cal Newport menciona com frequência, um "segundo turno" depois do trabalho para ficar em dia com os e-mails. Veja como colocar o desafio em prática:

Decida quando você fará o desafio.
Configure uma resposta de ausência temporária.
Disponibilize um método de contato alternativo.
Estime quanto tempo você poupará.
Registre quaisquer observações sobre produtividade.

Anote quantas vezes você sentiu vontade de verificar o e-mail.

O jejum de e-mails ajuda você a refletir sobre o que é importante quando se trata de verificar sua caixa de entrada. Ao final dos três dias, você não perderá peso nem aumentará o tônus muscular, mas saberá o que estava perdendo. Você perceberá quanto é eficaz se comunicar por meio de outros métodos e se esses meios são apropriados e valem a pena. Você aprenderá como o e-mail o torna produtivo e como ele destrói a sua produtividade. O objetivo do jejum de e-mails é revelar a sua dependência dele e experimentar outros métodos de comunicação.[3]

Assim como em um processo de jejum físico, recomendo que volte a acessar o e-mail aos poucos. Após o jejum, procure escolher um ou dois dias por semana em que você se permitirá verificar o e-mail. Não se surpreenda se você decidir continuar seguindo esse plano. O jejum de e-mails o tornará mais rápido no uso dessa ferramenta de comunicação *on-line*.

Costumo responder a mensagens de bate-papo do Facebook com a mesma frequência que um e-mail não solicitado hoje em dia. Nunca envio e-mails para amigos, familiares ou colegas de trabalho. O jejum de e-mails prepara você para uma abordagem mais intencional. Realmente não é preciso ficar checando o e-mail o dia inteiro, conforme veremos com a rotina de e-mails.

Quando você retomar o acesso aos e-mails, perceberá como essa atividade de fato consome tempo. A maioria de nós se beneficiaria de uma pequena bandeira branca na nossa escrivaninha que começasse a balançar quando nos sentimos sobrecarregados pelos e-mails. "Não me mande mais mensagens; comecei a me afogar nelas logo após o almoço!". O autor Nir Eyal veste uma camiseta a fim de alertar as pessoas para que não o distraiam. A esposa dele usa um chapéu para que todos saibam que ela está concentrada.[4]

---

[3] Se você experimentar o desafio do e-mail e fizer descobertas inéditas sobre sua produtividade, envie os resultados [em inglês] para info@sevenminutessolution.com e compartilharei os seus resultados no meu *website* (de forma anônima, claro). Aprecie a ironia de me enviar um e-mail após o desafio de 3 dias sem e-mail. Além disso, se você descobrir que nem precisa de e-mail, maravilha! Atenha-se a outros formatos de troca de mensagens.

[4] Eyal, op. Cit., p. 90-91.

No e-mail, não dá para ter esse tipo de ferramenta. Cal Newport explica que a troca de mensagens pode ser síncrona (concordar em conversar em tempo real por mensagem de texto) ou assíncrona (conversa que não acontece em tempo real, de tal modo que você pode ler a mensagem mais tarde).[5] Os dois modos podem arruinar a produtividade. Ele diz que o nosso cérebro não está preparado para lidar com mil mensagens na caixa de entrada. Tendemos a pensar de forma interconectada e não estruturada.[6]

No final de 2020, a comunicação assíncrona se tornou extremamente popular. Aplicativos como Marco Polo permitiam que usuários enviassem uma mensagem de vídeo que o destinatário podia visualizar a qualquer momento. No início de 2021, o aplicativo Clubhouse trouxe de volta a comunicação síncrona. O aplicativo de áudio *drop-in* significa que você precisa falar e ouvir em tempo real, como uma conferência de áudio ao vivo. Cal Newport é hipercrítico dessas formas de comunicação quando causam distração. Somos consumidos por aplicativos assíncronos que nos permitem prestar atenção nos nossos próprios termos, mas nos distraem o dia todo, ou então por aplicativos síncronos que imitam a interação do mundo real no momento, mas podem ser completamente exaustivos. É impossível vencer.

Atualmente, lidamos cada vez mais com todos os tipos de comunicação digital, mas vale a pena? Será que ter acesso instantâneo a mensagens o dia inteiro nos torna produtivos?

"Entre tudo aquilo que é capaz de impulsionar emoções, motivação e percepções durante um dia de trabalho, o mais importante é progredir em um projeto significativo", escrevem os autores

---

[5] NEWPORT, Cal. "Was Email a Mistake?", **New Yorker**, 6 de agosto de 2019. Disponível em: <https://www.newyorker.com/tech/annals-of-technology/was-email-a-mistake>. Acesso em? 17 set. 2024.

[6] NEWPORT, Cal. "Our Brains Are Not Multi-Threaded", **Study Hacks Blog**, 10 de setembro de 2019. Disponível em: <https://www.calnewport.com/blog/2019/09/10/our-brains-are-not-multi-threaded/>. Acesso em: 17 set. 2024.

Teresa Amabile e Steven Kramer em um artigo sobre motivação para a *Harvard Business Review.*[7]

Com frequência, o e-mail não só é desprovido de significado como também é repetitivo e desprovido de objetivo. Não passa de uma distração do trabalho intencional. Para não degradar demais esse meio de troca de mensagens (embora talvez eu já tenha feito isso), preciso destacar que a questão principal tem que ver com o que a autora Jocelyn Glei chama *de ímpeto de terminar,*[8] e com o que o economista comportamental Dan Ariely denomina *sistema de recompensa perfeito.*[9] Enquanto tudo que você vê é apenas texto em uma tela, nunca saberá se vai receber uma oferta de emprego, ser alertado sobre um nova casa de férias fantástica para alugar ou encontrar alguma outra pedra preciosa.

Não é à toa que nem respiramos quando verificamos o e-mail. Esperamos sem nem pegar fôlego.

Rahul Vohra, o empreendedor que mencionei na primeira metade deste livro, contou que o Superhuman, seu aplicativo de e-mail, propositalmente não tem a opção de atualizar a caixa de entrada. As mensagens chegam por conta própria e você não pode acionar novas entregas como se estivesse jogando em um caça-níqueis em Las Vegas. A maioria dos aplicativos permite que você puxe para baixo a parte superior ou atualize de alguma outra maneira. Os psicólogos chamam isso de *reforço positivo intermitente.*[10] E adivinhe? Funciona.

O curioso é que isso acontece com todos os aplicativos. No Instagram, por exemplo, há um motivo para você ver brevemente as postagens na tela do celular e, de repente, elas desaparecerem

---

[7] Amabile, Teresa M.; Kramer, Steven J. "The Power of Small Wins", **Harvard Business Review**, maio de 2011. Disponível em: <https://hbr.org/2011/05/the-power-of-small-wins>. Acesso em? 17 set. 2024.

[8] Glei, op. cit., p. 11.

[9] Ibid. p.. 8.

[10] *O dilema das redes*, dirigido por Jeff Orlowski, Netflix, 2020. Disponível em: <https://www.netflix.com/title/81254224>. Acesso em? 17 set. 2024.

para você visualizar outras novas. Esse fenômeno pode ser chamado de *reforço positivo efêmero*. Não estou na faixa etária do Instagram, mas caio nessa toda vez e acontece constantemente. Vejo algo que perdi na tela e então anseio por mais.

É como ver seu doce favorito por apenas um segundo. Você anseia pelo sabor e seu cérebro o manda encontrar mais. A dra. Anna Lemke, ao comentar sobre o documentário da Netflix *O dilema das redes*, mencionou que a maioria de nós se encontra em constante estado de déficit de dopamina. Estamos naquela estranha condição neurológica de "dor suficiente e prazer suficiente" para nos saciar e nos manter felizes e viciados, levemente interessados, mas, ainda assim, nunca satisfeitos.[11]

Se você está imaginando os seres humanos do futuro como no filme de animação da Pixar, *WALL-E*, presos em uma cápsula de êxtase e incapazes de andar porque dependemos excessivamente da tecnologia, então você sabe o que é ser viciado.

Dentro de poucos capítulos, faremos um mergulho profundo nos perigos das redes sociais. Por enquanto, o que o e-mail tem feito com a nossa produtividade já é preocupante o suficiente. No entanto, há boas notícias: a tecnologia pode ser uma força para o bem. Talvez você esteja pronto para aceitar o desafio do e-mail e aceite jejuar do acesso aos e-mails por três dias.

Tenha a certeza de que o e-mail não passa de uma ferramenta. Como todas as inovações, ele pode ajudar a nos comunicar com eficácia ou pode nos distrair e nos transformar em medusas gulosas e grudentas. A virada do jogo, conforme descobriremos em breve, é quando percebemos que há um ser humano do outro lado do endereço de e-mail.

---

[11] *O dilema das redes*.

[illegible]

[illegible]

[illegible]

[illegible]

[illegible]

[illegible]

18

A META REAL SÃO OS RELACIONAMENTOS

Dwight Eisenhower jamais abria a própria caixa de correio. Durante o período em que foi presidente, ele foi extraordinariamente intencional ao escolher as tarefas mais importante. Ele definiu uma cadeia de comando e aderia firmemente a ela. Alguém abria e lia suas cartas, e então as classificava em ordem de prioridade.

Obedecer à cadeia de comando, nunca abrir cartas, deixar que outra pessoa priorizasse as cartas que ele precisava ver — tudo isso levou à criação de um sistema abrangente chamado Matriz de Prioridades de Eisenhower.[1]

Não vou aborrecê-lo com os detalhes sobre como a matriz funciona, mas era predominantemente uma maneira de descobrir tarefas sem importância e diferenciar entre objetivos de curto e longo prazo. "Tenho dois tipos de problemas: os urgentes e os importantes. Os urgentes não são importantes, e os importantes

---

[1] HYATT, op. cit., p. 191-194.

nunca são urgentes", disse Eisenhower em um discurso de 1954, citando o Dr. J. Roscoe Miller.[2]

Conforme observou o autor Jordan Raynor, Napoleão esperava três semanas inteiras antes de abrir qualquer correspondência.[3] Curiosamente, a maior parte das cartas ficava obsoleta e não precisava de uma solução. Enquanto ele esperava, as pessoas resolviam os problemas por conta própria.[4]

Um dos grandes perigos de conferir os e-mails sem parar é que acabamos nos tornando verificadores constante de e-mails. Quem diria? Sempre somos definidos por aquilo que fazemos, mesmo que ser um verificador de e-mails nunca tenha sido uma meta de vida.

Buscamos esperança e significado nas mensagens que recebemos, e é por isso que o processo de verificação é tão atrativo. Mas será que de fato encontramos essas coisas ali?

O monge budista Thich Nhat Hanh abordou esse tema muitas vezes. Ele disse que, antes de fazer qualquer mudança na vida — digamos, na nossa rotina e nos nossos hábitos —, precisamos parar de consumir aquilo que nos envenena.[5] Somos aquilo que consumimos, afirmou. Se navegarmos na *internet* sem pensar, seremos navegadores irreflexivos. Se buscarmos nas redes sociais ou nos e-mails uma sensação superficial de bem-estar e propósito, acabaremos superficiais e sem propósito.

Como ensinou o filósofo estoico Aurélio: "Pergunte-se a cada momento: 'Isso é necessário?'".[6] A resposta curta: não, não é. De jeito nenhum.

---

[2] Ibid. p. 241.

[3] Raynor, op. cit, 2021.

[4] Isso se parece com um conceito de liderança que um leitor do manuscrito deste livro denominou *ausência estratégica*. Às vezes, a resposta imediata ou supervisão constante e o domínio exagerado não funcionam.

[5] Holiday, op. cit., p. 34.

[6] "Marcus Aurelius", Goodreads. Disponível em: https://www.goodreads.com/quotes/7998994-ask-yourself-at-every-moment-is-this-necessary. Acesso em: 21 abr. 2021.

A PESSOA DO OUTRO LADO

Um segredo para liberar o controle do e-mail é reconhecer quem está envolvido.

Cada vez que você enviar ou receber um e-mail, lembre-se de que existe uma pessoa viva enviando e recebendo mensagens (a menos que seja spam, é claro). Se a pessoa que enviou o e-mail estiver sentada ao seu lado, prefira conversar com ela.

Alguém decidiu juntar algumas palavras e compor uma mensagem destinada a você. Deixando de lado agora todos os e-mails de propaganda e o fato de que milhões de mensagens são transmitidas pela *internet* todos os dias tentando nos vender produtos e serviços, saiba disso: *a maior parte do seu e-mail envolve seres humanos.*

Isso significa que vale a pena ser intencional em relação às suas mensagens eletrônicas.

Cada pessoa importa.

O autor e líder eclesiástico John Mark Comer responde aos e-mails apenas uma vez por semana.[7] Por que ele faz isso? Trata-se de uma tentativa de ser intencional. Ele processa os e-mails não pela mera ilusão de trabalho e produtividade. A meta maior é se conectar e se comunicar com pessoas reais. O benefício é duplo. Você passa a enxergar o e-mail como algo mais centrado nas pessoas. Então começa a processá-lo com mais intencionalidade, e isso significa que você libera mais tempo para as pessoas.

***

Encontrei um chamado mais elevado e comecei a enxergar as pessoas como mais do que um endereço de e-mail no final de 2016. Antes disso, preciso ser bem franco: conheço alguns dos meus editores há mais de uma década, mas me comunicava com eles apenas por e-mail. Em minha defesa, é assim que a nossa área de

[7] Comer, *The Ruthless Elimination of Hurry*. P. 230.

atuação funciona. Um editor faz um pedido e você entrega. Como jornalista, entregar os artigos era o mais importante.

Minha esposa encontrou um anúncio em busca de ajuda em uma faculdade cristã no meu estado. Não dei muita atenção à oportunidade e eram apenas algumas horas por semana, mas enviei um e-mail mesmo assim. Sinceramente, não esperava receber resposta. Por fim, alguém me escreveu e, quando me dei conta, estava mentoreando estudantes universitários, ensinando-os sobre a área da comunicação. No começo era tudo à distância, mas como essas coisas às vezes acontecem, acabamos nos mudando para mais perto da faculdade. E então o meu papel mudou.

Ajudei a montar uma equipe de marketing estudantil enquanto ainda escrevia as minhas colunas. Algo mudou em mim. Por muitos anos, enviei e-mails como forma rápida e eficiente de me comunicar com estranhos. Os alunos, porém, não eram estranhos. Um deles era a minha filha. Outros se tornaram amigos meus. Com o tempo, eu estava mentoreando um grupo de cerca de 30 estudantes.

Era raro enviarmos e-mails uns para os outros. Em cerca de quatro anos, mandei apenas algumas dezenas de e-mails para os alunos. Na maioria das vezes, eu os encontrava no meu escritório, enviava mensagens instantâneas e mensagens de texto ou fazia chamadas por celular. Por que a grande mudança? O que me motivou a interagir de maneira totalmente nova? Durante esse período, meu ponto de vista sobre o e-mail mudou drasticamente. Costumava ser uma ferramenta assíncrona. Na minha carreira de escritor, foi inestimável como forma de dar sugestões e fazer propostas de artigos.

Mas, no meu papel de mentor, mandar e-mails não era tão eficaz. Os alunos que os recebiam não estavam tão interessados. Eles estavam enfrentando grandes decisões de vida. Da mesma forma que você não discutiria um financiamento imobiliário nem planejaria um casamento por e-mail, eu estava constantemente tentando me conectar em um nível mais pessoal e emocional com os alunos. (Se você conseguiu fechar um financiamento de casa própria completamente por e-mail, bom para você. Durante a pandemia da Covid, a minha filha planejou seu casamento por e-mail).

A grande lição aqui é que o e-mail não precisa mandar em tudo. Pode ser eficaz para algumas formas de comunicação. Eu nunca mandaria um e-mail para a minha esposa — e isso é revelador. Damos ênfase demais a uma ferramenta de envio de mensagens que é apenas marginalmente eficaz.

MEU MAIOR ERRO POR E-MAIL

Infelizmente, um dos meus maiores erros no ambiente de trabalho envolveu um e-mail. Ainda hoje, sinto uma pontada de arrependimento.

No início da minha carreira corporativa, era um gerente de nível médio bastante exigente. Como um touro usando ombreiras e capacete em uma loja de porcelana, eu tinha um estilo de comunicação abrupto. Achava que estava sendo assertivo. (Em minha defesa, eu tinha acabado de sair da faculdade). Certo dia, um programador do departamento me enviou um e-mail sarcástico. Não consigo me lembrar das palavras exatas, mas o que ficava subentendido, de maneira não tão sutil, era que eu não fazia ideia do que estava falando.

"Por que você ainda trabalha aqui?", perguntei-lhe em uma resposta abrupta e abrasiva. Imediatamente me arrependi de enviá-la. Até hoje, gostaria de ter ido até a mesa dele e me desculpado por ter sido um idiota. Eu estava avançando a passos largos na empresa e tentei ignorar a minha reação. No entanto, dias depois, tivemos uma discussão com o chefe dele e o meu. Finalmente pedi desculpas, mas só depois de perceber que não estava me trazendo bem nenhum ser tão abrupto e rude.

No que eu estava pensando? Sem dúvida, esse era o problema: *não estava pensando!* Não levei em conta que havia uma pessoa de verdade sentada a alguns cubículos de mim.

***

Gostaria de poder afirmar que dominei essa plataforma de mensagens desde os meus dias de escritório, mas não é bem assim. Às vezes, ainda envio e-mails resumidos que vão direto ao ponto, mas que perdem por completo o objetivo principal da interação entre pessoas. Este livro gira em torno das rotinas e práticas que uso no meu trabalho diário porque preciso delas tanto quanto qualquer pessoa.

Já fez isto alguma vez? Você digita pensamentos terríveis e depois os apaga.[8] Talvez tudo bem, quem sabe ajude, mas a intenção original permanece. Seguir uma rotina de e-mails ajuda você a pensar muito bem no que está enviando e por quê. Como disse Eisenhower, o urgente raramente é importante.[9] Entre os meios de comunicação, o e-mail deve ser a maneira mais ponderada de expressar os seus pensamentos e calibrar o seu tom.

Mais importante, uma rotina de e-mails ajuda a determinar se o e-mail é o melhor método para alcançar as suas metas e ambições mais importantes na vida. Talvez seja melhor ir até a mesa de alguém ou fazer um telefonema.

No fim das contas, ou o e-mail ajuda você a ser mais produtivo ou se torna mais uma distração, entre muitas outras. Não deve ser algo que você verifica constantemente ao longo do dia. Não precisa atrapalhar o seu dia. Dar propósito à sua produtividade significa usar com sabedoria, eficiência e intencionalidade as ferramentas à sua disposição. Agora vamos mergulhar na rotina de e-mails e ver como tudo isso funciona na prática.

---

[8] Se fizer isso, aqui está uma dica importante: não digite o e-mail da pessoa. Assim, você evita o risco de mandar por engano.

[9] Baer, Drake. "Dwight Eisenhower Nailed a Major Insight about Productivity", **Business Insider**, 10 de abril de 2014. Disponível em: <https://www.businessinsider.com/dwight-eisenhower-nailed-a-major-insight-about-productivity>. Acesso em? 17 set. 2024.

ROTINA DE E-MAILS

Esta rotina coloca o e-mail em seu devido lugar. Quando você concluir a rotina, feche completamente o seu e-mail.

◉ **Antes de começar: *prepare-se***
Comece domando as distrações. Desative as notificações e desligue a campainha do celular, feche todas as abas que estão abertas no navegador e feche todos os aplicativos de redes sociais. Avise os colegas de trabalho ao redor ou o seu cônjuge em casa que você está verificando os e-mails. Faça tudo o que puder para se concentrar nos e-mails e nada mais ao longo dos próximos sete minutos. Isso estimulará ainda mais a sua produtividade.

Minuto 1: *faça uma triagem*
Abra o seu e-mail (já que você deve sempre manter o e-mail fechado em outros momentos) no celular ou em uma janela do navegador. Faça uma triagem rápida de todas as mensagens novas e relembre por que você tem algumas perdidas sem ler aqui e ali. Sinalize as mensagens importantes (a maioria dos aplicativos de e-mail permite que você faça isso). Não gaste mais de 60 segundos sinalizando mensagens. Priorize a avaliação do que está à sua frente. Quantos e-mails novos você recebeu? Quantos você pode deletar?

Minuto 2: *exclua*
Ah, sim, a grande faxina dos e-mails. Este é o passo mais importante. Seja rápido e exclua os e-mails desnecessários, irritantes e com

spam que, de alguma forma, chegaram à sua caixa de entrada. Rotule mensagens sem importância ou mova-as para uma pasta pessoal — o que você tiver de fazer para retirá-las da sua caixa de entrada. Ou seja, apenas delete o que não deveria estar ali.

Minutos 3 e 4: *envie respostas rápidas*

Vá em frente: lide com algumas das mensagens importantes por dois minutos. Comece rotulando ou organizando os e-mails que merecem atenção mais imediata. Isso significa que você não deve enviar um e-mail de volta, mas, sim, ligar para a pessoa, mandar uma mensagem de texto ou entrar em um bate-papo com ela por mensagem instantânea. Rotule-os para que recebam a sua atenção usando qualquer coisa, menos o e-mail. Por enquanto, envie apenas respostas curtas para avançar nessa rotina. Informe ao destinatário que você abordará a preocupação ou fará o acompanhamento mais tarde. Responda imediatamente a qualquer pergunta.

Minutos 5 e 6: *envie respostas mais longas*

Nos próximos dois minutos, envie algumas respostas mais longas. Escolha as mensagens mais importantes (digamos, as enviadas pelo seu chefe). Não se demore muito nelas. Se uma mensagem exigir uma resposta muito extensa, cogite a possibilidade de fazer uma ligação ou agendar uma reunião. Livre-se do e-mail sempre que possível — por exemplo, se você começar a digitar um e-mail longo, transforme-o em um documento ou até mesmo envie mensagens de texto para resolver a situação.

Minuto 7: *triagem final*

Faça uma triagem final rápida para ver se chegaram mensagens novas e verifique se a sua caixa de entrada está em ordem. Não se preocupe em "zerar a caixa de entrada", pois isso transmite apenas um falso senso de realização. Mantenha mensagens importantes por perto e lide com elas mais tarde. Certifique-se de fechar completamente o e-mail.

SEÇÃO 6

Uso descontrolado da internet e das redes sociais

Na nossa sociedade, aqueles que têm
o melhor conhecimento do que está
acontecendo são também aqueles que
se encontram mais distantes de ver o
mundo como ele é. Em geral, quanto
maior o entendimento, maior a ilusão.
Quanto mais inteligentes, menos sãos.

George Orwell

19

O GRANDE ENGANO

Estar *on-line* nos torna mais burros?

Essa é uma pergunta que o autor Nicholas Carr fez lá em 2011 no maravilhoso livro *A geração superficial: o que a internet está fazendo com os nossos cérebros.*

Infelizmente, o livro não envelheceu bem. Não quero dizer que as informações não sejam importantes ou estejam desatualizadas. Significa que agora estamos ainda *mais burros.*[1] Buscar continuamente conhecimento na *internet* e percorrer os *feeds* das redes sociais nos tornou intelectualmente inferiores e simplesmente estúpidos.

Não precisamos memorizar o significado de palavras novas; podemos apenas pesquisá-las. Não temos a necessidade de consultar um mapa e descobrir para onde dirigir; deixamos o Google nos dizer. Carr explica como essa mudança cultural criou maus hábitos. Nosso cérebro se enche cada vez de mais conhecimento à medida que navegamos pela *internet*, mas os dados saem da

---

[1] Há enorme ironia no fato de que os bons hábitos descritos na primeira parte deste livro, como escrever em um diário e ter uma rotina matinal, são conhecidos por melhorar a capacidade cerebral e a memória.

nossa mente a um ritmo alarmante — e está cada vez pior. Consumimos mais informações e retemos cada vez menos.[2]

Fazemos hoje mais pesquisas no Google do que nunca. Em 2010, pesquisávamos no Google cerca de 1 bilhão de vezes por dia; em 2020, esse número está mais próximo de 2 trilhões de pesquisas por dia, de acordo com o site Ardorseo.com.[3] Atualmente, estamos explodindo no montante de navegação na *internet* sem reflexão. Segundo dados do Pingdom, havia cerca de 255 milhões de sites disponíveis em 2010.[4] Hoje, existem 1,74 bilhão de sites.[5] Até onde sabemos, pode haver 255 milhões de sites dedicados somente a vídeos de gatos. (Na verdade, você mesmo pode verificar esse dado. Quando você pesquisa "*cat videos*" [vídeos de gatos] no Google, verá que aparecem cerca de 4,1 bilhões de links. São muitos gatos!).

Então sente-se, pegue um saco de batatas chip e comece a clicar. É uma iniciativa meio boba, mas pelo menos vamos nos divertir. Você leva cerca de cinco segundos para visitar um site. Isso significa que, se você planejasse navegar em apenas 1 milhão de sites, levaria cerca de 158 anos. A matemática é reveladora aqui. Levaria centenas e centenas de anos para visitar 1,74 bilhão de sites. Ou seja, é impossível! Há informação demais.

"A capacidade do cérebro não é limitada", escreveu Carr na nova introdução a seu livro. "A passagem da percepção para a compreensão é estreita. É preciso paciência e concentração para avaliar novas informações — averiguar sua precisão, mensurar sua

---

[2] Carr, Nicholas. **The Shallows**: What the internet Is Doing to Our Brains. New York: W. W. Norton & Company, 2011.

[3] Reid, Kris, "11 Search Statistics You Need to Know in 2021", **Ardor SEO**. Disponível em: <https://ardorseo.com/blog/how-many-google-searches-per-day/>. Acesso em: 21 abr. 2021.

[4] "internet 2010 in Numbers", **Solarwinds Pingdom**, 12 de janeiro de 2011. Disponível em: <https://www.pingdom.com/blog/internet-2010-in-numbers>. Acesso em? 17 set. 2024.

[5] Ahlgren, Matt. "100+ internet Statistics and Facts for 2021", **W**, atualizado em 23 de março de 2021. Disponível em: <https://www.websitehostingrating.com/internet-statistics-facts>. Acesso em? 17 set. 2024.

relevância e seu valor, contextualizá-las — e a *internet* é projetada para subverter a paciência e a concentração".[6]

O autor John Eldredge deu a esse fenômeno o nome de "bombardeio constante do trivial". No extraordinário livro *Get Your Life Back: Everyday Practices for a World Gone Mad* [Receba sua vida de volta: práticas cotidianas para um mundo enlouquecido], ele observa que as funções cerebrais superiores, como percepção e empatia pelos outros, se desenvolvem no cérebro em um ritmo lento.[7] Carr estima que, hoje em dia, cerca de metade do tempo que passamos acordados é gasto olhando para as telas. Não é à toa que estamos todos um pouco menos envolvidos uns com os outros. Ficamos frenéticos em clicar o dia inteiro, mas, conforme observa Carr, agora passamos apenas seis minutos por dia lendo livros.[8] Espero que você dedique mais tempo do que isso lendo este exemplar!

O QUE É CONHECIMENTO?

Há uma pergunta que vale a pena fazer: por que nos importamos?

Vivemos em uma época na qual nenhuma tarefa é totalmente concluída. Sempre há outro site. Cada clique leva a outro. Estamos continuamente acumulando conhecimento superficial que jamais usaremos. Isso cria uma condição constante de superficialidade.

Todo esse conhecimento superficial nos torna mais inteligentes? Na verdade, não. Mais informação leva a mais ruído. É como se tudo ao nosso redor estivesse girando. O que quer que estejamos enfrentando — obsessão por tecnologia, obesidade mórbida, uso de drogas, problemas conjugais —, a solução que escolhemos de navegar sem refletir não está funcionando.

Em grego, há duas palavras para *conhecimento*. Pouparei você dos termos gregos em si, mas, indo direto ao ponto, uma palavra

---

[6] CARR, The Shallows. "Introduction".

[7] ELDREDGE, op. cit., p. 41.

[8] CARR, op. cit., p. 227.

para *saber* significa acúmulo de conhecimento. Sabemos o nosso endereço de e-mail e o nosso número de telefone. Sabemos que o vizinho trabalha para a Polícia Federal. (Pelo menos, acho que sim; ele carrega uma arma até quando leva o lixo para fora). Sabemos o nome dos nossos filhos, do hamster, do cachorro e do gato. Alguns de nós gostaríamos de esquecer que temos um gato, mas isso é outra história.[9]

O segundo tipo de *saber* é muito mais interessante. A palavra grega para este tipo de conhecimento subentende *conhecimento íntimo*. Conheço e entendo a minha esposa e como ela gosta de passar tempo com a família, demora muito para arrumar o cabelo de manhã com o secador e faz a receita de salsicha com brócolis mais deliciosa que existe. Não estou falando de fatos e números.

Infelizmente, navegar na *internet* sempre envolve o primeiro tipo de conhecimento. Cada novo *site* cria mais ruído e mais preocupação. "Estar ocupado nem sempre significa trabalho de verdade", escreveu Thomas Edison.[10] E essas palavras saíram da boca de um cara que nunca usou o Google Chrome. Gostamos dos cliques. Achamos que pular agitados de site em site é o mesmo que ser produtivos. A pergunta curiosa para esta era é: por que cargas d'água gostamos tanto da *internet*? O grande engano da navegação *on-line* é que, no fim das contas, não estamos ficando mais inteligentes.

POR QUE PASSAMOS TANTO TEMPO *ON-LINE*?

Como acontece com todos os maus hábitos, a verdade é que não sabemos por que navegamos na *internet* e usamos as redes sociais

---

[9] A minha esposa domou um gato feroz durante a pandemia. Demos a ele o nome de Nunca porque decidi que nunca o deixaríamos entrar em casa. Ele está bem aqui sentado ao meu lado enquanto escrevo estas palavras.

[10] "Thomas A. Edison", Goodreads. Disponível em: <https://www.goodreads.com/quotes/7331844-being-busy-does-not-always-mean-real-work-the-object>. Acesso em: 14 jul. 2021.

com tanta frequência. Trata-se de uma imprudente entrega ao desperdício de tempo. Ao ficar *on-line* de maneira irrefletida e acessar os mesmos velhos sites e aplicativos, desenvolvemos o hábito da repetição superficial. Entramos no Buzz*feed* mesmo quando sabemos que só encontraremos bobeira sem relevância. Acessamos o Twitter e só voltamos ao ar muitas horas depois.

O valor que reconhecemos em uma atividade ou tarefa precisa impulsionar o que fazemos. Deve motivar o nosso comportamento. Na *internet*, as coisas não parecem funcionar assim. Gravitamos em direção a atividades e tarefas desprovidas de valor. É a falta de qualquer valor que impulsiona o que fazemos. Talvez seja esse o objetivo: dirigir para lugar nenhum.

O tempo é curto, e tudo o que fazemos importa. Viver com intencionalidade significa ir muito além do mero autodesenvolvimento e da atenção plena em relação às nossas emoções e aos nossos pensamentos internos. As tarefas que realizamos todos os dias devem corresponder ao nosso propósito subjacente, conforme abordamos na primeira parte deste livro. Entrar no Pinterest, o seu site queridinho, não é errado; passar mais três horas olhando enfeites de árvores natalinas com certeza é. Provavelmente nem é Natal.

Nosso tempo na *internet* precisa ser intencional para que consigamos concluir as nossas tarefas com rapidez e depois voltar para o mundo real, onde podemos fazer a diferença. A navegação insípida pela *internet* não trará satisfação. Portanto, desenvolver melhores hábitos de navegação faz sentido. O uso mais intencional da *internet* também resolve um problema sério no ambiente de trabalho: não estamos de fato trabalhando ao navegar na *internet*. De acordo com um estudo da Kronos Incorporated, muitos de nós nos envolvemos no chamado *trabalho falso* [no original, *fake work*]. Metade do que fazemos todos os dias não promove a missão nem o propósito da empresa.[11]

---

[11] Hyatt, op. cit., p. 14. Vale a pena destacar que ser apenas metade produtivo significa que também não estamos cumprindo o nosso propósito de vida.

Quando liberamos mais tempo para as coisas que importam na vida, passamos a experimentar um senso maior de alegria e propósito. Não precisamos nos preocupar com o sucesso nem correr atrás de mais conhecimento ou mais fatos. Como disse o rabino Abraham Heschel: "Nunca na minha vida pedi a Deus sucesso, sabedoria, poder ou fama. Pedi deslumbramento, e ele me deu".[12]

Como encontrar deslumbramento no trabalho? Não está na *internet*. A IDC, empresa que trabalha com inteligência de mercado, estima que o funcionário médio de escritório gasta cerca de 30% de seu tempo pesquisando informações na *internet*. São duas horas e meia por dia.[13] A Interact Source descobriu que os funcionários gastam cerca de 20% do tempo tentando descobrir como fazer seu trabalho pesquisando na *internet*.[14] Talvez seja um tempo bem empregado, talvez não. O treinamento de pessoal poderia levar ao aumento da produtividade, mas, na maioria dos casos, estamos falando sobre funcionários que tentam evitar o trabalho.

Infelizmente, não estamos nos referindo a um aperfeiçoamento cheio de propósito aqui. Estamos falando sobre o que o especialista em produtividade Cal Newport denomina *mentalidade de colmeia hiperativa*. Em uma conversa recente, ele me explicou como a navegação na *internet* incentiva a perda de tempo em labirintos sem saída. Pode fazer parte do nosso trabalho pesquisar na *internet*, então mergulhamos no Google e depois descobrimos que perdemos inúmeras horas navegando. Justificamos este tipo

---

[12] "Abraham Joshua Heschel", Goodreads. Disponível em: <https://www.goodreads.com/quotes/30322-never-once-in-my-life-did-i-ask-god-for>. Acesso em: 22 abr. 2012.

[13] Di Noi, Daniela. "Do Workers Still Waste Time Searching for Information?", **Xenit Blog**, 22 de maio de 2018. Disponível em: <https://blog.xenit.eu/blog/do-workers-still-waste-time-searching-for-information>. Acesso em: 17 set. 2023.

[14] Di Noi, "Do Workers Still Waste Time Searching for Information?".

de uso da *internet* porque a tarefa inicial parece válida. Deixamos a tecnologia ditar o que fazemos, por que e quando. "Precisamos começar descobrindo o que é importante e, em seguida, lançar mão da tecnologia estrategicamente, de maneiras muito específicas", sugeriu.

Então ele completou assegurando que, para ser intencional em atividades como navegar na *internet*, acessar o e-mail e as redes sociais, é preciso começar descobrindo o que é restaurador e significativo. Temos a tendência de fazer isso de trás para frente. Começamos uma pesquisa e deixamos que a tecnologia nos dite o que é significativo. "Quando você sabe para que vai usar a tecnologia, é capaz de inverter a ordem e usá-la nos seus próprios termos", Newport afirma. "Alguns de nós precisamos ser realmente drásticos. Precisamos parar de ver a tecnologia como uma chupeta psicológica e uma distração".[15]

Quando pesquisamos *on-line*, muitas vezes enchemos o cérebro de informações inúteis que proporcionam uma falsa sensação de produtividade. Nosso cérebro chega a doer quando fazemos isso, mas não conseguimos parar. No entanto, será que estamos cumprindo alguma meta? Esse acúmulo de conhecimento está dando certo? Tudo isso é um bálsamo para nós ou nos escraviza? Diria que a navegação constante na *internet* tem criado *minions* infelizes que não sabem do que estamos falando na metade do tempo. Você sabe como é um *minion*, não é mesmo? Uma bolha amarela sem cérebro.

Conforme veremos no capítulo a seguir, existem evidências científicas de como surfar na *internet* afeta o cérebro. Enquanto isso, a principal lição deste capítulo é: navegar na *internet* provavelmente não tem ajudado você a fazer um trabalho melhor. Há uma maneira muito superior de trabalhar quando estipulamos alguns limites para o uso da tecnologia.

---

[15] Newport, Cal. Entrevista por telefone com o autor, 26 de outubro de 2020, transcrição e gravação em áudio disponíveis.

20

O QUE ACONTECE COM O SEU CÉREBRO QUANDO VOCÊ SURFA NA *INTERNET*

Sou um daqueles raros indivíduos que tem algo chamado *retenção seletiva de memória*. Posso ter lido sobre o conceito em um livro certa vez, mas não consigo me lembrar com certeza. Funciona mais ou menos assim: as coisas com as quais mais me importo e valorizo grudam no meu cérebro como cola. Coisas que não são tão importantes — como uma consulta ao dentista, uma lista de itens para comprar no supermercado ou... uma consulta ao dentista — não entram lá (e quando falo em *lá*, estou me referindo à grande massa de tecido rosado na minha cabeça).

Alguns fatos simplesmente não ficam alojados nas minhas sinapses. Números de telefone, curiosidades sem sentido, a última vez em que levamos o gato ao veterinário. Ao que tudo indica, passo por esse processo de retenção seletiva. Mas estou bem acompanhado nisso. Albert Einstein não conseguia se lembrar do próprio número de telefone e Mark Zuckerberg costuma usar a mesma camiseta todos os dias.

Lembro-me da primeira vez que usei a World Wide Web. Lembro-me até do site que visitei. Era um portal de jogos conhecido como Games Domain. Não faço ideia de por que me lembro disso, mas ainda recordo o logotipo, o layout do site — era rudimentar, com algumas imagens, mas principalmente texto — e o nome do editor que o administrava. (Richard Greenhill, se você ainda estiver por aí, mande um alô). De volta às reentrâncias obscuras de tempos imemoriais, também conhecidos como 1994, conectei o meu computador a uma coisa nova chamada *internet* e digitei esse domínio. Tempos depois, até entrei em contato com Greenhill e escrevi algumas *reviews* de jogos.

Minha retenção seletiva de memória não para por aí. Lembro-me de acessar o site Ford.com quando estreou. E um novo site chamado Amazon. Na época, eu era gerente de design gráfico em uma *start-up* e até hoje me lembro exatamente da pessoa que me falou sobre a *internet*, me mostrou alguns sites de que havia gostado e me ajudou a me conectar. Também me lembro de criar o site da empresa com ele por volta de 1995 ou algo assim. Foi uma época legal porque a tecnologia era muito nova e empolgante.

Avançando depressa para 2020, não consigo me lembrar do site que visitei cinco minutos atrás. É um borrão. Felizmente, parei com a navegação aleatória e irrefletida pela *internet* há mais de uma década, pois isso nunca me pareceu um bom uso do tempo. Após visitar o primeiro milhão de sites depois de Games Domain e Ford.com, é tudo ladeira abaixo. Às vezes, sento com a minha esposa, Rebecca, à noite e navego em alguns sites com ela, procurando parques regionais e cabanas de campistas. No entanto, de forma predominante, abri mão desse hábito.

Meu segredo é ser intencional em relação ao motivo que me levou a estar *on-line* para começo de conversa, definindo uma meta de busca na *internet* quase todas as vezes. Também sei muito sobre o que está acontecendo com o meu cérebro enquanto navegamos, o que as empresas de tecnologia tentam realizar e por que isso é perigoso.

***

Gostaria de apresentá-lo a um sujeito que sabe tudo sobre este assunto.

Tristan Harris ficou famoso em 2020 quando apareceu no documentário da Netflix *O dilema das redes*. O ex-especialista em ética do Google trabalhou, certa vez, em uma equipe que tentava descobrir como equilibrar a natureza obsessiva da navegação na *internet* com o mantra da empresa na época, que era: "Não seja mau". Em outubro de 2015, eles mudaram para: "Faça a coisa certa". Era um equilíbrio delicado. Harris queria garantir que as pessoas usassem o Google. (Hoje, é bastante frequente — cerca de 63 mil pesquisas por segundo).[1] No entanto, ele sabia que navegar na *internet* é perigoso.

Em uma sequência de acontecimentos que provavelmente não estavam relacionados uns com os outros, ele saiu da empresa cerca de dois meses após a mudança de lema.[2]

Naquela época, a neurociência ligada à navegação obsessiva na *internet* ainda era um pouco obscura. Nós simplesmente não sabíamos de nada disso. De manhã, acordávamos e acessávamos um punhado de sites de notícias. Isso parece bastante inofensivo até você perceber que se passou uma hora e você continua *on-line*.

Em uma participação no programa *This Morning*, do canal CBS, no final de 2019, Harris — que é um crítico ferrenho da tecnologia obsessiva — falou sobre como a nossa interação *on-line* está "degradando os seres humanos" e sobre como as empresas de

---

[1] GEORGIEV, Deyan. "101+ Google Statistics and Facts that Reveal Everything about the Tech Giant", **Review 42**, última atualização em 19 de fevereiro de 2021. Disponível em: <https://review42.com/google-statistics-and-facts>. Aceso em: 17 set. 2024.

[2] *O dilema das redes.*

tecnologia estão "arrancando de nós a atenção humana". Conte-me qual você realmente acha que foi a minha primeira reação. Harris não estava se referindo apenas às redes sociais, mas, sim, a qualquer aplicativo.

"É uma corrida para o fundo do tronco encefálico", explicou ele. "Trata-se de quantos minutos [as empresas de tecnologia] podem tirar da sua mente".[3] Harris afirma que esses minutos equivalem a dinheiro em publicidade. Quanto mais tempo passamos olhando anúncios, mais dinheiro as empresas de tecnologia ganham.

Ele não é o único a criticar o Facebook e outros. Alguns deles ajudaram inicialmente a criar o problema e agora parecem estar recuando e propondo alternativas. (Harris fala sobre uma *economia da atenção regenerativa*, na qual as empresas de tecnologia nos incentivem a passar mais tempo ao ar livre ou a doar para causas dignas). Sean Parker foi presidente do Facebook em seus primórdios e agora se posiciona abertamente contra os perigos das redes sociais e da obsessão *on-line*. Em uma conferência da Axios em 2017, ele explicou que o Facebook funciona hoje como um *looping* de *feedbacks* de validação social. Isso mudou a sociedade, disse ele na época, e destruiu a produtividade.[4]

Chamath Palihapitiya, que foi vice-presidente de crescimento de usuários do Facebook em seu início, parece ter arrependimentos profundos em relação à tecnologia. No passado, ele era adepto do conhecido mantra do Vale do Silício, "Falhe rápido!", porque é importante manter os usuários fisgados. Se algo não está atraindo usuários suficientes, tente táticas diferentes.

[3] Morgan, David. "Former Silicon Valley Insider on How Technology Is 'Downgrading Humans'", **CBS This Morning**, 6 de maio de 2019. Disponível em: <https://www.cbsnews .com/news/former-silicon-valley-insider-on-how-technology-is-downgrading-humans/>. Aceso em: 17 set. 2024.

[4] Allen, MIKE. "Sean Parker Unloads on Facebook: 'God Only Knows What It´s Doning to Our Children´s Brains'", **Axios**, 9 de novembro de 2017. Disponível em :<https://www.axios.com/sean-parker-unloads-on-facebook-god-only-knows-what-its-doing-to-our-childrens-brains-1513306792-f855e7b4-4d60-8d51-2775559c2671.html>. Acesso em: 17 set. 2024.

"[Isso equivale a] explorar uma vulnerabilidade na psicologia humana", afirmou, explicando como as empresas de redes sociais nos atraem e nos fisgam.[5] Contudo, ele lamentou a nossa perda de controle e o fato de que as empresas tecnológicas não assumem responsabilidade em relação a quão sedutor é navegar e usar as redes sociais. "Se você alimentar a fera, ela o destruirá".[6]

***

Por que então continuamos clicando? A maioria de nós realmente não sabe. Um estudo realizado pela Common Sense Media em 2015 sugeriu que usamos telas até nove horas por dia.[7] Já pode estar muito pior hoje, sobretudo porque a pandemia mudou a forma como todos trabalhamos. Um estudo da Salary.com de 2014 descobriu que 70% dos funcionários de escritório desperdiçam tempo na *internet*.[8]

Acredito que o principal culpado seja o *estresse*. Usamos a navegação na *internet* como mecanismo de compensação. De acordo com uma pesquisa da Universidade de Stanford, tendemos a mudar de tarefa a cada 19 segundos quando estamos diante de um computador.[9] Tentamos nos entreter com os cliques, mas não está funcionando.

---

5 Vincent, James. "Former Facebook exec says social media is ripping apart society", **The Verge**, 11 de dezembro de 2017. Disponível em: <https://www.theverge.com/2017/12/11/16761016/former-facebook-exec-ripping-apart-society>. Aceso em: 17 set. 2024.

6 Snyder, Bill "Chamath Palihapitiya: Why Failing Fast Fails", **Stanford Business**, 12 de dezembro de 2017. Disponível em: <https://www.gsb.stanford.edu/insights/chamath-palihapitiya-why-failing-fast-fails>. Aceso em: 17 set. 2024.

7 "Landmark Report: U.S. Teens Use an Average of Nine Hours of Media Per Day, Tweens Use Six Hours", **Common Sense Media**, 3 de novembro de 2015. Disponível em: <https://www.commonsensemedia.org/about-us/news/press-releases/landmark-report-us-teens-use-an-average-of-nine--hours-of-media-per-day>. Aceso em: 17 set. 2024.

8 "Why & How Your Employees Are Wasting Time at Work", **Salary.com**. Disponível em: <https://www.salary.com/articles/why-how-your-employees--are-wasting-time-at-work/>. Acesso em: 22 abr. 2021.

9 Yeykelis, Leo. "Switching Every 19 Seconds: How Our Brains Multitask with New Media", 4 de abril de 2018. Disponível em: <https://www.forbes.com/sites/leoyeykelis/2018/04/04/switching-every-19-seconds-how--our-brains-multitask-with-new-media>. Aceso em: 17 set. 2024.

Você já notou essa tendência em si mesmo? Não navego pela *internet* quando estou trabalhando em tarefas que aprecio. Mantenho o foco. O músico David Crowder diz que é importante fazer algo tão legal que você não precise usar o celular.[10] Certa vez, perguntei à professora e autora Sherry Turkle sobre o fenômeno de usar distrações como navegar na *internet* em um celular para aliviar o estresse. Ela me contou que até mesmo os jovens adultos guardam o celular quando se reúnem com o gerente do banco.[11] A despeito do poder que a *internet* tenha sobre nós para navegarmos de maneira aleatória e irrefletida, parece que conseguimos manter a distância dela em reuniões importantes. Infelizmente, isso foi há cerca de cinco anos. Desde então, ouvi dizer que as pessoas conferem o celular até mesmo durante as reuniões com o banco.[12]

Imagens do cérebro de pessoas viciadas em jogos *on-line* contam uma história interessante. Lembro-me de visitar uma empresa em Seattle que faz mapas cerebrais coloridos — os quais recebem o nome técnico de mapas imagéticos funcionais por ressonância magnética — e me maravilhar com a maneira que os neurônios se agrupavam e como pareciam anormais quando comparados aos exames cerebrais de pessoas não viciadas. Todos nós temos vícios, mas ser obcecados por jogos *on-line parece* realmente assustador.[13]

Somos glutões de dados. O autor Jefferson Bethke observa que a quantidade de informações que o mundo produz em apenas dois

---

[10] Brandon, John, "Forget Banning Phones and Laptops at Meetings. Here's What We Should Ban Instead", **Inc.**, 13 de outubro de 2018. Disponível em: <https://www.inc.com/john-brandon/forget-banning-phones-laptops-at--meetings-heres-what-we-should-ban-instead.html>. Aceso em: 17 set. 2024.

[11] Brandon, John. "MIT Expert to Office Workers: Set Your Phones Down and Let's Talk", **Inc.**, 15 de outubro de 2015. Disponível em: <https://www.inc.com/john-brandon/mit-expert-to-office-workers-set-your-phones-down--and-let-s-talk.html>. Aceso em: 17 set. 2024.

[12] Por favor, não seja essa pessoa!

[13] Weinstein, Aviv M. "An Update Overview on Brain Imaging Studies of internet Gaming Disorder", **NCBI**, 29 de setembro de 2017. Disponível em: <https://www.ncbi.nlm.nih.gov/pmc/articles/PMC5626837/>. Aceso em: 17 set. 2024.

dias é equivalente aos dados gerados desde o início dos tempos até 2003.[14] É muita informação! Sofremos com o que o autor Adam Alter chama de *superengajamento persistente.*[15]

Esse fluxo constante está sempre em um plano virtual — as telas. Na ciência existe um conceito chamado *dinamismo sensorial.* Isso significa que o nosso cérebro precisa de várias camadas de entrada sensorial. Quando olhamos pela janela, vemos a moldura da janela, o arbusto na frente da janela, o gramado e uma casa ao longe. No horizonte, conseguimos enxergar à distância alguns pássaros voando baixo sobre o horizonte. O cérebro adora isso. O dinamismo sensorial cria uma sensação de calma porque os nossos olhos estão programados para mudar o foco. Gostamos de olhar para algo de perto e depois compará-lo com algo distante.[16]

Isso não acontece na *internet*. Tudo é unidimensional. O monitor do computador fica a menos de um metro do nosso nariz. Estamos constantemente olhando para algo que está perto de nós. Aqueles que trabalham em um escritório ou em casa e podem olhar pela janela ocasionalmente têm uma vantagem. Se ao menos fizéssemos isso com mais frequência! Quando clicamos furiosamente em sites, não experimentamos o dinamismo sensorial.[17]

---

[14] BETHKE, op. cit. p. 10. Siegler, M. G. "Eric Schmidt: Every 2 Days We Create as Much Information as We Did Up to 2003", **Tech Crunch**, 4 de agosto de 2010. Disponível em: <https://techcrunch.com/2010/08/04/schmidt-data/>. Aceso em: 17 set. 2024.

[15] ALTER, Adam **Irresistible**: The Rise of Addictive Technology and the Business of Keeping Us Hooked. London: Penguin, 2018. P. 68.

[16] BRANDON, John. "Is Technology Making Us Less Human?", **TechRadar**, 6 de agosto de 2013. Disponível em: <https://www.techradar.com/news/world-of-tech/future-tech/is-technology-making-us-less-human-1171002>. Aceso em: 17 set. 2024.

[17] Um dos leitores do manuscrito deste livro fez um comentário fabuloso. Ele perguntou a si mesmo se os escritores e aqueles que produzem conteúdo *on-line* deveriam se tornar mais metódicos e cheios de propósito. Talvez todos devêssemos reduzir o ritmo. Enquanto os outros acessam centenas de histórias com *click baits* triviais, os cristãos devem ser muito mais intencionais.

E a coisa piora. E muito. A navegação constante na *internet*, mesmo quando não estamos obcecados, está nos afastando das coisas que importam. Vamos deixar de lado a perda de produtividade por um instante. Estamos falando sobre a perda da realidade. Não definir parâmetros para navegar na *internet* está nos custando *tudo*.

Essa ideia me pegou outro dia enquanto eu assistia a um filme independente chamado *Driveways*.[18] A história é sobre uma mãe e seu filho que são forçados a limpar a casa da irmã dela que morreu. Um veterano viúvo chamado Del, que combateu na Guerra da Coreia e mora ao lado, faz amizade com o filho. É uma história comovente sobre bondade, mas foi a cena final que me chamou a atenção.

Del está contando ao menino sobre sua esposa e como ela se lembrava dos aniversários e era aquela que sempre fazia as conexões sociais. Ele recorda a primeira vez que se viram e explica quanto gostaria de ter o tempo de volta.

"A vida passa tão rápido que, quando você vê, 40 a 50 anos se foram", comenta. Se pudesse voltar e reviver essas experiências, ele seria muito mais deliberado. Você provavelmente precisaria assistir à cena para entender o contexto e captar a emoção, mas isso me atingiu em cheio bem no meio do velho córtex cerebral: o tempo é precioso; ser intencional faz toda a diferença.

Em vez de vivermos de maneira superficial, clicando sem parar, podemos controlar o nosso tempo *on-line*. Tudo começa com a definição de limites de uso.

---

[18] *Driveways*, dirigido por Andrew Ahn e produzido por Maven Pictures, estreia em 10 de fevereiro de 2019.

21

ALIMENTE O LOBO CERTO QUANDO ESTIVER ON-LINE

Um menino indígena norte-americano chega em casa depois da aula e começa a conversar com o avô. O garoto está lutando contra o ressentimento em relação a outra criança de sua idade. Ele se sentiu menosprezado e agora está chateado e com raiva. O avô diz ao neto que dentro dele vivem dois lobos, um que demonstra bondade e compaixão e outro que o enche de raiva e de uma atitude contenciosa.

— Qual lobo ganhará? — pergunta o menino.

— Aquele que você alimentar — respondeu o avô.

Gosto desta história, que condensei bastante, porque ela se aplica à nossa difícil condição atual com a *internet*.[1] Parece que é mais fácil do que nunca alimentar o lobo raivoso. Clicamos em um *site* de teorias da conspiração ou navegamos por um portal de notícias que apresenta informações mais confiáveis. Se existe uma maneira mais fácil de alimentar o lobo bravo do que simplesmente

---

[1] Ok, admito que a história sobre alimentar o lobo certo é um meme do Instagram e pode jamais ter acontecido. Ainda assim, eu a amo.

clicar em um site, não faço a menor ideia de qual é. A *internet* parece intencionalmente projetada para alimentar cliques de ódio.

Observe alguém acessar a *internet*, e você verá uma enxurrada de atividades. No Google Chrome, eu era conhecido por abrir 20 abas ao mesmo tempo, clicando como um animal enlouquecido entre elas. Parece produtivo alternar entre as guias mesmo que eu esteja clicando, clicando, clicando o dia todo em nada. O meu mouse se mexe mais rápido que o meu cérebro. Sou um super-herói, o Flash com um teclado.

A produtividade na *internet* não está relacionada à velocidade dos nossos cliques, mas deve ser definida como o *trabalho intencional destinado a atingir uma meta específica*. Definir um parâmetro para os nossos esforços ajuda — por exemplo, encontrar dez novos empregos até a hora do jantar, procurar cinco novos clientes para propor uma apresentação de vendas antes da próxima reunião. Estabelecemos limites em outras áreas da vida, por que não na *internet*?

Ser mais intencionais em relação ao nosso tempo na *internet* significa que nos tornamos conscientes desse lobo insaciável. Alimentamos o lobo bom, aquele que satisfaz o nosso desejo inato de ser mais eficientes e conscientes quanto ao tempo. Eficiência na *internet* não significa fluência ou velocidade. Pode até significar clicar mais devagar. A *internet* não é inerentemente ruim; usá-la de forma ineficiente é que consiste no mau hábito.

Enquanto eu escrevia este livro, descobri que ser intencional e proceder lenta e deliberadamente funciona de maneira espetacular. Fiquei em um hotel na região metropolitana entre Minneapolis e Saint Paul e, nas minhas pausas, fazia longas caminhadas no clima frio. Certo dia, cheguei a uma ponte e notei que havia pedaços de gelo por toda parte. Eu tinha algumas escolhas. Uma era andar pela rua, o que me colocaria em perigo. (Ninguém presta atenção nos autores de livros que tentam evitar o gelo andando em uma rua movimentada). Poderia voltar, mas isso encurtaria a caminhada. Resolvi prosseguir *devagar*. Pisei em cada pedaço de gelo cuidadosamente. Atravessei a ponte pouquinho a pouquinho.

Esse tipo de produtividade combina com o que sugiro para o uso da *internet*—lentamente, intencionalmente. Você continua a fazer progressos. Navegar devagar ou clicar com intenção não significa que você é improdutivo.

COMO SER INTENCIONAL

Sou jornalista, então sei que a tentação de fazer o nosso trabalho com pressa é real. Às vezes, penso: "Só mais um artigo!". Ao escrever este livro, decidi navegar mais devagar, acessar menos a *internet* e evitar clicar sem refletir. Não queria entrar no labirinto sem saída de procurar orientação *on-line*. Sou parcialmente culpado por isso, depois de escrever centenas de artigos sobre produtividade, mas, se você souber onde procurar, encontrará não centenas ou milhares, mas milhões de artigos. Fiz um grande esforço para evitar a vontade de ficar surfando na *internet*.

Outro passo envolveu a ilha remota que mencionei no início deste livro. Escrevi este capítulo na minha terceira viagem. Decidi que não acessaria a *internet* por mais do que alguns minutos aqui e ali. Na maioria das vezes, eu me sentava em um banco no topo de uma colina e lia livros, fazia anotações e digitava no *laptop*. Eu lia um livro inteiro para aproveitar um detalhe crucial. O processo foi lento, metódico e maravilhoso.

Quando o autor Tim Ferriss escreveu seu famoso livro *Trabalhe 4 horas por semana*, ele se aprofundou em uma verdade espiritual: é mais importante fazer o nosso melhor do que fazer o máximo de coisas. Ferriss defende que devemos trabalhar menos e realizar mais.[2]

---

[2] Ferriss, Timothy. **The 4-Hour Workweek**: Escape 9-5, Live Anywhere, and Join the New Rich. New York: Crown Publishing, 2009.

Eu não poderia concordar mais. Prefiro deixar que os *insights* do meu trabalho venham devagar, em vez de clicar, clicar e clicar o dia inteiro. Prefiro desacelerar e ouvir.

Há uma palavra grega maravilhosa, *metanoia*, que significa (no meu entendimento pessoal) uma conversão ou transformação de um estado profundo para outro.[3] Pensei bastante em usar a palavra como título deste livro, mas poucos saberiam seu significado. Mover-se de um estado profundo para outro requer intencionalidade. Requer propósito.[4]

Nossa maneira de usar a tecnologia digital deveria ter esse mesmo tipo de reflexão prévia. Se o nosso objetivo é ser mais intencional com o tempo e evitar a desatenção superficial e irrefletida da navegação na *internet*, a nossa interação *on-line* necessita de mais propósito.

O autor Greg McKeown observou que 40% das escolhas que fazemos na vida vêm de um lugar de profundo pensamento subconsciente.[5] Se isso é verdade, devemos abordar tudo que fazemos como algo que alimenta o nosso subconsciente de forma saudável e útil (o lobo bom) ou de modo destrutivo (o lobo mau).

Se acreditamos que a *metanoia* é importante, tomaremos o cuidado de estar 100% presentes no momento. Laura Ingalls Wilder escreveu certa vez: "Agora é agora. Nunca pode ser muito tempo atrás".[6] Nossa capacidade de foco, chamada pelos cientistas de

---

[3] Davies, Samuel Thomas. "*Essentialism* by Greg McKeown", Sam T. Davies. Disponível em: <https://www.samuelthomasdavies.com/book-summaries/business/essentialism/>. Acesso em: 22 abr. 2021.

[4] A maioria entende *metanoia* como "autorreflexão" (ou transformação) hoje em dia. Há algumas outras palavras das quais eu gostaria de fazer uma reapropriação da cultura popular. Por exemplo: quando ouço que algo "viralizou" na internet, sinto calafrios!

[5] Travers, Evan. "Review: *Essentialism* by Greg McKeown", **Evan Travers** (blog), 1º de setembro de 2019. Disponível em: <http://evantravers.com/articles/2019/09/01/review-essentialism-by-greg-mckeown>. Acesso em: 18 set. 2024.

[6] Rubin, Gretchen. "Now Is Now. It Can Never Be a Long Time Ago", **Gretchen Rubin** (blog), 11 de janeiro de 2014, Disponível em: <https://gretchenrubin.com/2014/01/now-is-now-it-can-never-be-a-long-time-ago/>. Acesso em: 18 set. 2024.

rede de saliência no nosso cérebro, e que nos ajuda a nos sintonizar com o que é importante, irá prosperar.

Sem cliques monótonos para nós, apenas *metanoia* de um estado para outro.

ALIMENTANDO O LOBO ERRADO

Temos acesso a uma quantidade infinita de informações, mas não contamos com as ferramentas para conter o nosso apetite. A questão é: por que não paramos de alimentar o lobo errado?

Um dos motivos é que continuamos em busca de soluções rápidas. "Você pode perceber como precisa fazer poucas coisas para viver uma vida [...] satisfatória", escreveu Marco Aurélio.[7] Ao que tudo indica, não percebemos não. Achamos que precisamos fazer *mais*. O grande gole do acesso *on-line*, o tamanho extragrande dos mecanismos de busca do Google. Nosso histórico de busca tem um quilômetro de comprimento e um centímetro de largura. Lembre-se do que Chamath Palihapitiya, ex-executivo do Facebook, disse: "Se você alimentar a fera, ela o destruirá".[8] Alimentamos a fera enquanto a vemos crescer.

Não gostamos de limites. Nossa *internet* funciona a 1GB por segundo, mas não é rápido o bastante. Nossos celulares se conectam em velocidade 4G; mas, em vez disso, precisamos é de 5G. Mais e mais rápido, cada vez melhor. No entanto, como mencionei, não podemos nos transformar de um estado superficial e raso em algo mais profundo com um clique.

Quase todos nós sofremos de obsessão por tecnologia nos dias de hoje. Uma estimativa sugere que gastamos até nove horas e 45 minutos por dia usando ferramentas *on-line* como e-mail,

---

7 "Marcus Aurelius," Goodreads. Disponível em: <https://www.goodreads.com/quotes/3860316-concentrate-every-minute-like-a-roman-like-a-man-on>. Acesso em: 22 abr. 2021.

8 Snyder, "Chamath Palihapitiya".

internet e redes sociais.[9] A maioria de nós fica acordada apenas cerca de 14 horas por dia. Estamos nos aproximando rapidamente da saturação total do reino digital. É por isso que um executivo da Netflix disse certa vez que seu principal concorrente é o sono.[10]

Alimentar o lobo errado tem consequências terríveis. O lobo da bondade, compaixão e empatia está agora sofrendo uma morte lenta e dolorosa. Percorremos apenas a superfície das coisas, na esperança de que essas atividades atendam a alguma necessidade subconsciente. No entanto, quanto mais nos prendemos a esses maus hábitos, mais difícil é nos transformar e nos libertar.

Antes de aprender a cessar o hábito de navegação constante na *internet*, vamos examinar também o que buscamos quando usamos as redes sociais.

---

[9] BOAKE, Terra. "Digital 2020", **We Are Social**, 30 de janeiro de 2020. Disponível em: <https://wearesocial.com/ca/2020/01/30/digital-2020-what-you-really-need-to-know/>. Acesso em: 18 set. 2024.

[10] HERN, Alex. "Netflix's Biggest Competitor? Sleep", The **Guardian**, 18 de abril de 2017. Disponível em: <https://www.theguardian.com/technology/2017/apr/18/netflix-competitor-sleep-uber-facebook>. Acesso em: 18 set. 2024.

22

EVITE O ACESSO INFINDÁVEL NA BUSCA DE NOTÍCIAS NAS REDES SOCIAIS

Quando Nir Eyal publicou o livro *(In)distraível: como dominar sua atenção e assumir o controle de sua vida*, em agosto de 2019, o mundo estava relativamente seguro. A economia do meio para o fim do verão estava bombando em todos os aspectos nos Estados Unidos (o PIB havia aumentado em 2,1%),[1] a taxa de desemprego tinha diminuído para 3,5%[2] e nenhuma grande guerra estava acontecendo ao redor do mundo.

---

[1] Mataloni, Lisa S. "GDP and the Economy", **SCB**, agosto de 2019. Disponível em: <https://apps.bea.gov/scb/2019/08-august/0819-gdp-economy.htm>. Acesso em: 18 set. 2024.

[2] Edwards, Roxanna; Smith, Sean M. "Job Market Remains Tight in 2019, as the Unemployment Rate Falls to Its Lowest Level Since 1969", U.S. Bureau of Labor Statistics, abril de 2020. Disponível em: <https://www.bls.gov/opub/mlr/2020/article/job-market-remains-tight-in-2019-as-the-unemployment-rate-falls-to-its-lowest-level-since-1969.htm>. Acesso em: 18 set. 2024.

Naquele outono, seu livro se tornou *best-seller* nacional, e Eyal, um autor e palestrante que lecionava na universidade e prestava consultoria para grandes empresas como Google e Microsoft, se tornou mais famoso. Ele era um crítico aberto das técnicas usadas por aplicativos como o Facebook e o Instagram, não tão diferentes das empregadas nas máquinas caça-níqueis de Las Vegas, a fim de garantir que continuemos clicando, curtindo, compartilhando e rolando para baixo. (Outro especialista, Tristan Harris, usa a mesma analogia da máquina caça-níqueis).

Naquele outono, Eyal usou um termo para explicar como os aplicativos das redes sociais tendem a nos fazer formar maus hábitos e a ficar obcecados. Ele chamou o fenômeno de *rolagem infinita*.[3] Imagine um adulto na fila do Starbucks rolando o dedo por inúmeras fotos de pessoas comemorando aniversários e posando em frente a praias, e você saberá exatamente do que estou falando. Nosso cérebro está em constante busca por esses ciclos de *feedback* e microrrecompensas, mesmo que envolvam fotos de bebês fofos e adolescentes exibindo um novo corte de cabelo. Eyal falou sobre como esses aplicativos prendem a atenção do usuário. Sua solução foi desenvolver novas rotinas e hábitos que nos ajudem a ser mais disciplinados no uso.

Até que tudo mudou em janeiro de 2020. Os primeiros casos relatados de COVID-19 em Wuhan, na China, pegaram a todos de surpresa. Alguns de nós, eu inclusive, descartamos isso como um pequeno surto. Imaginávamos que não teria impacto global. Mas estávamos errados. Seguiu-se uma pandemia. Até dezembro de 2020, 1.639.088 pessoas haviam morrido em todo o mundo, com mais de 73.712.330 casos relatados. As taxas de desemprego dispararam para mais de 11% nos Estados Unidos. Isso significa que cerca de 23 milhões de pessoas estavam desempregadas em

---

[3] EYAL, Nir. "Infinite Scroll: The Web's Slot Machine", **Nir and Far**. Disponível em: <https://www.nirandfar.com/the-webs-slot-machine/>. Acesso em: 22 abr. 2021.

agosto de 2020.[4] A economia entrou em colapso e desabou, caindo quase 40%, de acordo com o departamento governamental de análises econômicas.[5]

Como você já deve imaginar, isso criou um nível completamente novo de estresse. Eyal me relatou por telefone que notou um rápido aumento nas vendas de seus livros durante esse período, surpreendendo a todos os envolvidos, sobretudo sua editora.[6]

"Todos nós começamos a procurar algum mecanismo de fuga", ele me contou, explicando como os métodos normais de administrar o tempo, controlar nossos os tecnológicos e até mesmo agendar compromissos tendem a explodir durante períodos em que nosso bem-estar mental sofre ataques de todos os ângulos. Falta-nos consistência durante esses tempos e tendemos a usar as redes sociais como um bálsamo. "Todos temos gatilhos internos", afirmou. "Quando estamos em sofrimento e mais ansiosos, recorremos às redes sociais para aliviar a dor."

Percebi essa mudança em mim. Enquanto escrevia este livro, os Estados Unidos experimentaram um aumento nos casos de coronavírus em lugares como Texas, Califórnia, Flórida e até mesmo no Centro-Oeste. Enquanto isso, minha filha caçula, Katherine, planejava seu casamento, mudei de emprego, tivemos problemas com a nossa casa e eu estava no processo de escrever um livro. Quando o estresse chega, como sempre acontece, procuramos soluções rápidas. Basta mover o dedo alguns centímetros pela tela do celular. Eyal me disse que a distração começa dentro de nós,

---

4 "Employment Situation Summary Table A. Household Data", US Bureau of Labor Statistics, última modificação em 2 de abril de 2021. Disponível em: <https://www.bls.gov/news.release/empsit.a.htm>. Acesso em: 18 set. 2024.

5 "Gross Domestic Product, 2nd Quarter 2020", US Bureau of Economic Analysis, última modificação em 18 de agosto de 2020. Disponível em: <https://www.bea.gov/news/2020/gross-domestic-product-2nd-quarter-2020-advance-estimate-and-annual-update>. Acesso em: 18 set. 2024.

6 Eyal, Nir. Entrevista com o autor por telefone, 17 de julho de 2020, transcrição e gravação em áudio disponíveis.

dentro do nosso coração e da nossa mente, quando procuramos um alívio rápido. Sentimos um pequeno desconforto e clicamos no Instagram.

Meus pensamentos às vezes caíam no lado negativo. Eu não estava sozinho. Um estudo registrou que, ao redor do mundo, as pessoas publicam 6 mil tweets por segundo.[7] A descoberta mais interessante é que os tweets são mais positivos pela manhã e depois, aos poucos, vão se tornando cada vez mais negativos. À medida que o dia avança e enfrentamos estresse, distração e contratempos, saímos dos eixos.[8]

A autora e pesquisadora Angela Duckworth defende que a negatividade é como um vírus. Ela se espalha mais rápido e infecta mais pessoas do que os pensamentos positivos. Ao que parece, não conseguimos evitar. Temos a propensão de ser pessimistas.[9]

MINHA HISTÓRIA DE USO CONSTANTE DAS REDES SOCIAIS

A pandemia começou no início de 2020. Concentrei-me no trabalho. Minha coluna na Forbes.com aumentou em popularidade e comecei a produzir uma coluna impressa nas revistas *Entrepreneur* e *Popular Mechanics* na mesma época. O sucesso não é tão importante quanto a realização, mas continuei me forçando a ir além. Então, em março de 2020, assumi um pequeno cargo na

---

7 Sayce, David. "The Number of Tweets per Day in 2020", **David Sayce**. Disponível em: <https://www.dsayce.com/social-media/tweets-day>. Acesso em: 22 abr. 2021.

8 "We Wake Up Happy, Have a Miserable Day, but Cheer Up in the Evening: How Twitter Tracks Our Moods", **Daily Mail**, 30 de setembro de 2011. Disponível em: <https://www.dailymail.co.uk/sciencetech/article-2043606/Twitter--analysis-shows-positive-thing-morning.html>. Acesso em: 18 set. 2024.

9 Maughan, Mike. "Using Behavioral Science to Help Parents Navigate a New Reality", **Thrive Global**, 14 de maio de 2020. Disponível em: <https://thriveglobal.com/stories/behavioral-science-help-parents-work-from--home-family-lessons/>. Acesso em: 18 set. 2024.

minha comunidade eclesiástica para ajudar nas estratégias de comunicação. Eu queria fazer a diferença. Depois de trabalhar apenas uma semana em um escritório, a pandemia obrigou todos a trabalharem remotamente. As reuniões pelo Zoom se tornaram um exercício de futilidade porque são um substituto fraco para o contato pessoal.

Comecei a cair cada vez mais fundo. O trabalho na comunidade eclesiástica não deu certo, e alguns dos meus trabalhos de escritor fracassaram. Quando sofremos decepção, temos a tendência de nos saciar com a tecnologia. Preenchemos o vazio da improdutividade com cliques constantes e rolagem infinita em sites e redes sociais. Chamamos a sequência de publicações no Facebook de *feed* [alimentação] porque é exatamente isso o que ele faz: ele nos alimenta.

Como Eyal me explicou e abordou em seu livro *(In)distraível*, a distração é outra forma de procrastinação. Sabemos que temos trabalho a fazer, mas divagamos em uma busca infindável por notícias. Como o nosso trabalho começa a decair, sofremos ainda mais estresse; isso nos leva a nos apressar e completar mais tarefas, o que nos faz procurar soluções mais rápidas. O ciclo continua. Eyal chama isso de *inutilidade aprendida*.[10] Chamo de ciclo vicioso de obsessão por tecnologia.[11]

E se rompermos o ciclo? A rotina no final desta seção tem o objetivo de estabelecer parâmetros para o uso das redes sociais e ajudar você a evitar a rolagem infinita.

---

[10] Miller, Michael. "Addicted to Your Smartphone? Not So Fast", **Six-Seconds**, 8 de janeiro de 2019. Disponível em: <https://www.6seconds.org/2020/01/06/become-indistractable>. Acesso em: 18 set. 2024.

[11] Você não encontrará muito a palavra *vício* neste livro. Uso-a com parcimônia e propósito. Nir Eyal, um dos leitores do manuscrito desta obra que me deu feedback, explicou que a adicção ou vício é uma condição psicológica diagnosticada por profissionais. Caso você não tenha notado, não sou psicólogo; só faço papel de psicólogo na TV. Eyal gosta de dizer que somos *distraídos* pela tecnologia. Prefiro afirmar que somos *obcecados*. De todo modo, a solução é não é evitar, mas, sim, controlar o uso.

Uma dica de produtividade só chega até certo ponto. Você pode desativar as notificações do seu celular, excluir alguns aplicativos por um tempo ou até mesmo fazer um jejum de redes sociais. Todas essas coisas são boas. Mas elas só funcionam por um tempo. Digamos que você desative as notificações por um mês. Excelente! Mas você não definiu parâmetros de uso para as redes sociais. Não identificou o motivo inicial que o leva a acessar a rede. Está apenas adiando a obsessão.

No capítulo de abertura deste livro, aprendemos uma estratégia de enfrentamento — escrever em um diário por sete minutos pela manhã. Um dos motivos para isso funcionar é que você consegue documentar como está se sentindo. Em vez de abrir seu *feed* do Twitter e olhar como vai a família Kardashian ou ler sobre a última crise política, você lida com a distração de frente. Registra as suas emoções e documenta os seus sentimentos, em vez de saciá-los de uma maneira que não ajuda.

A rotina de acesso às redes sociais em sete minutos segue uma abordagem semelhante. Você define parâmetros para a sua frequência de uso de aplicativos como Facebook, Instagram, Twitter e LinkedIn e decide o que deseja realizar.

Não há motivo para abandonar por completo as redes sociais, uma vez que esses aplicativos nos ajudam a nos conectar uns com os outros. Usá-los de forma eficaz significa que você define o propósito dos aplicativos e aprende a controlar os seus impulsos.

MENSURE O SEU TEMPO DE USO

Um dos motivos que nos leva a acessar as redes sociais com tanta frequência é que não sabemos como relaxar e fazer pausas. Por isso, entramos no Facebook. Quando atualizamos a tela para ver se recebemos mais curtidas em uma publicação, sentimos gratificação imediata e de curto prazo com *bits* e *bytes*. As empresas de redes sociais sabem que o que estamos vendo precisa ser aleatório, porque assim se torna evasivo e imprevisível. Continuamos a perseguir a nossa próprio cauda, sem nem saber que temos cauda.

Os perigos são mais profundos do que você pode imaginar. Um exemplo vem da Segunda Guerra Mundial, quando Adolf Hitler usou técnicas para suprimir informações e divulgar propaganda ideológica com vistas a promover a lealdade. Como John Mark Comer observa no livro *The Ruthless Elimination of Hurry* [A eliminação implacável da pressa], a máquina de propaganda nazista focava em desejos e temores — uma faca de dois gumes.[12] O objetivo sempre foi atrair, seduzir e reter a fim de manter o interesse.

Meu genro é austríaco e me contou histórias de pessoas que viveram naquela época. Quando os prisioneiros escapavam dos campos de concentração, os habitantes locais tentavam ignorá-los e não ajudavam na fuga. Por quê? Acreditavam na máquina de propaganda ideológica do desejo e do medo. Os cidadãos sabiam que a única maneira de comprar mantimentos (o desejo) era obedecer. Sabiam que qualquer desvio da ideologia nazista resultaria em punição rápida, prisão ou muito pior (o medo). Ser pego ajudando e incentivando um fugitivo de um campo de concentração era perigoso. Certa vez, visitei um campo de concentração em Mauthausen, na Áustria, e quase pude ouvir os ecos de tortura e abuso que emanavam das paredes de pedra e das janelas gradeadas. Hitler se concentrou no desejo e no medo porque era isso que funcionava.

Nos últimos anos, o índice de suicídio de adolescentes nos Estados Unidos aumentou 150%, de acordo com o psicólogo social Jonathan Haidt. Ele culpa as redes sociais, e os motivos parecem espelhar a máquina de propaganda ideológica de Hitler.[13]

Primeiro vem o desejo. Adolescentes anseiam por atenção e pela sensação que experimentam quando veem comentários

---

[12] Comer, op. cit., p. 185.

[13] *O dilema das redes.*

e curtidas nas redes sociais. Adultos não estão imunes a isso. Em segundo lugar, o medo. Em um *podcast* com o defensor dos direitos humanos Tristan Harris, intitulado *Your Undivided Attention* [Sua atenção total], Haidt explicou que as redes sociais não são opcionais. Mesmo que um adolescente decida excluir suas contas, todos os outros participam. Não estar nas redes sociais, sobretudo em aplicativos como Instagram e TikTok, faz de você um excluído.[14] O Nielson Group estima que verificamos os nossos celulares cerca de 96 vezes por dia. Vivemos nos nossos dispositivos de plástico, em uma rolagem infinita à busca de notícias até o último segundo.[15]

Qual é a resposta para esta situação terrível? Como acontece com qualquer obsessão, está em controlar o nosso comportamento e estipular limites. A rotina no final desta seção nos ajuda a fazer exatamente isso. Antes de mergulhar nos usos positivos das redes sociais e na quebra dos maus hábitos, é importante explicar por que ansiamos por atenção e por que uma abordagem mais simples às redes sociais funciona tão bem.

---

14 Center for Humane Technology. "Are the Kids Alright?", **Your Undivided Attention** podcast, 27 de outubro de 2020. Disponível em: <https://www.humanetech.com/podcast/26-are-the-kids-alright>. Acesso em: 18 set. 2024.

15 "Americans Check Their Phones 96 Times a Day", **Asurion**, 21 de novembro de 2019. Disponível em: <https://www.asurion.com/about/press-releases/americans-check-their-phones-96-times-a-day>. Acesso em: 18 set. 2024.

23

A MENTALIDADE DE COLMEIA HIPERATIVA NA OBSESSÃO *ON-LINE*

Marcar e curtir nas redes sociais não eram ações que faziam parte do modelo de negócios original, conforme explica Cal Newport.[1] Esses *indicadores de aprovação* foram inventados depois. Talvez você se surpreenda ao descobrir que o botão "curtir" só foi adicionado ao Facebook em 2007, três anos após o lançamento da rede social. Newport explica que o iPhone nunca foi projetado para ser um dispositivo de uso contínuo. Quando Steve Jobs apresentou esse *smartphone*, sugeriu que era mais como um MP3 player que também poderia ser usado como telefone. Newport conta que as redes sociais criaram um frenesi de atividades, no qual rolamos o *feed* sem refletir o dia todo. Agora elas são um grande negócio, canalizando bilhões para os cofres das plataformas de redes social.

Newport iguala essa rolagem constante, superficial e quase robótica em busca de novidades com a maneira pela qual as

[1] Roll, "Digital Minimalism with Cal Newport".

pessoas jogam nas máquinas caça-níqueis em Las Vegas. Ele não está de brincadeira. Os especialistas das empresas de redes sociais estudaram as máquinas caça-níqueis e como elas se tornam tão viciantes. Em seguida, moldaram as curtidas e marcações com base nas máquinas de jogos de azar. Você "ganha" quando vê curtidas nas suas publicações. Curiosamente, mal nos damos conta de que isso está acontecendo. Durante o período de escrita deste livro, o Facebook reformulou radicalmente sua interface e a tornou muito mais atraente com cores brilhantes e espaço em branco maior. Em essência, eles o tornaram mais parecido do que nunca com uma máquina caça-níqueis.

Participamos constantemente de conversas não estruturadas; no entanto, nosso cérebro não foi projetado para funcionar dessa maneira aleatória. Gostamos de nos concentrar por curtos períodos — digamos, sete minutos de cada vez — e realizar alguma coisa. Sentimo-nos produtivos e encontramos significado e propósito dessa maneira. Nós fizemos *alguma coisa*. Inversamente, a ideia das redes sociais é mudar o foco o tempo inteiro de uma coisa para outra. Fotos de bebê por alguns segundos, depois fotos de casamento, em seguida fotos da vovó. Trata-se de uma sobrecarga voluntária, constante, obsessiva e caótica dos nossos sentidos durante o dia todo.

Nosso cérebro necessita de períodos ocasionais de serenidade. Você pode fazer um experimento agora mesmo para ver como isso funciona. Uma vez que a informação visual é responsável por ocupar 30% da capacidade cerebral, o simples ato de fechar os olhos pode criar uma sensação de calma.[2] (Tirar uma soneca é ainda melhor). Tente fechar os olhos por apenas sete minutos, respirando fundo enquanto isso. Você se sentirá relaxado e calmo porque o seu cérebro teve uma trégua rápida.

---

[2] Romih, Tea. "Humans Are Visual Creatures", **Seyens**, 12 de outubro de 2016. Disponível em: <https://www.seyens.com/humans-are-visual-creatures/>. Acesso em: 18 set. 2024.

***

Algo extremamente importante a se compreender acerca do uso constante das redes sociais é que se trata de um mecanismo para aliviar a dor. Podemos nem mesmo saber qual dor estamos tentando aliviar. Talvez seja algo tão enraizado em nós que nem estamos cientes disso — dor causada por conflitos em casa, depressão provocada por trabalhar demais em tarefas desprovidas de significado. Ansiamos por estímulos falsos e pela recompensa de dopamina no cérebro, sem nem ao menos saber por quê. Buscamos aprovação e credibilidade junto aos nossos pares, mas nunca conhecemos pessoalmente nem metade desses supostos pares.

O desejo de impressionar os outros consiste em uma busca psicológica generalizada conhecida como *sociômetro*. Temos radares sociais, e eles estão sempre em alerta total.[3] Outra ironia é que, enquanto tentamos aliviar o estresse da vida usando as redes sociais, estamos, na verdade, criando mais estresse por meio dessa empreitada. Não estamos à altura de todos os outros. Essa falsa sensação de alívio do estresse cria um ciclo vicioso à medida que ansiamos por mais recompensas falsas. Nada disso dá certo.

Depois de reconhecer que as redes sociais não fornecerão as respostas que procuramos, a próxima pergunta é: Onde, então, devemos procurar?

Boa pergunta, e fico feliz que você a tenha feito. Mencionei na introdução deste livro que o significado precisa vir em primeiro lugar, depois o trabalho. O propósito deve viver dentro de nós antes de começarmos a buscar algo efêmero, como a satisfação no ambiente de trabalho. Sempre que tentamos encontrar o nosso significado e propósito no trabalho, descobrimos que o trabalho não nos satisfaz por completo.

---

[3] Leary, Mark R. "Sociometer Theory and the Pursuit of Relational Value: Getting to the Root of Self-Esteem", **Taylor & Francis On-line**, 4 de março de 2011. Disponível em: <https://www.tandfon-line.com/doi/abs/10.1080/10463280540000007>. Acesso em: 18 set. 2024.

Muitos especialistas em produtividade que defendem que a eficiência e "ser bom no que se faz" levarão você a uma vida melhor ou o ajudarão a conquistar mais e encontrar realização estão deixando de fora o componente da fé. Isso pode soar como uma afirmação ousada, mas acredite em mim — tentei encontrar significado por meio das minhas tarefas. É triste dizer isso, mas a verdade é que não funciona. Trabalhar duro não fará você se sentir melhor em relação a si mesmo. A maior produtividade não mudará a sua vida nem melhorará os seus relacionamentos.

O que funciona? Primeiro encontre significado e propósito. Depois você poderá enxergar o trabalho como nada mais do que um meio para um fim, porque agirá com o propósito que já encontrou. Isso muda tudo no trabalho.

As redes sociais não passam do exemplo mais óbvio de como alguns de nós tentamos encontrar sentido ao clicar, curtir, compartilhar e comentar. Talvez se continuarmos percorrendo o *feed* do Instagram, aliviaremos alguns pensamentos ansiosos. Há uma tendência de pensar que estamos "trabalhando" rumo a algum objetivo quando, na verdade, é apenas uma ilusão de trabalho. Gosto de como a autora Emily Gould explica ter passado anos escrevendo um romance e se enganando ao pensar que estava sendo produtiva enquanto postava no Twitter. Ela se sentia produtiva, mas esse comportamento era, na verdade, uma fuga do trabalho.[4]

Não é assim que se parecem muitas das nossas buscas pelo sucesso? Corremos atrás do trabalho e de significado, mas, de repente, percebemos que tudo foi uma perda de tempo. As redes sociais são a perda de tempo mais óbvia do momento.

Embora muitos de nós usemos as redes sociais como um bálsamo enquanto esperamos na fila da Starbucks, podemos nos tornar muito mais intencionais em relação a como nós as utilizamos.

[4] GOULD, Emily. "How Much My Novel Cost Me", **Human Parts**, 24 de fevereiro de 2014. Disponível em: <https://humanparts.medium.com/how-much-my-novel-cost-me-35d7c8aec846>. Acesso em: 18 set. 2024.

Na rotina de sete minutos no final desta seção, há uma ênfase no uso das redes sociais de maneira muito mais intencional e cheia de propósito. Antes de mergulhar nessa rotina, o capítulo a seguir explica o que nos leva a continuar clicando e rolando o *feed* sem parar.

A mentalidade de [illegible] na crise de [illegible]

Na rotina de sete minutos no final desta seção, haverá um enfoque no uso das redes sociais de maneira muito mais intencional, cheia de propósito. Antes de mergulhar nessa rotina, o capítulo a seguir explica o que nos leva a continuar clicando e rolando o feed sem parar.

24

A BUSCA INCESSANTE POR PERFEIÇÃO

Com a tecnologia, temos a sensação de que estamos sempre em busca de algo, mas não sabemos ao certo do quê. Talvez sejam mais seguidores nas redes sociais ou um *smartphone* melhor e mais rápido na Amazon.

No entanto, quando navegamos na *internet* e usamos o Google o dia todo, quando verificamos o Twitter, é óbvio que nos encontramos *em busca* de algo. O que estamos tentando encontrar? Por que continuamos a procurar? Clicamos em Zapimoveis.com.br e procuramos uma nova casa; passamos para Webmotors.com.br e "pesquisamos" carros novos. Lemos colunas de autores como eu. Estamos em constante busca, muitas vezes pela resposta perfeita, ou pela roupa perfeita na Shein.

Nos capítulos anteriores, mencionei as razões científicas que nos levam a continuar as buscas. Mas há uma razão espiritual ainda mais profunda. Mais do que qualquer outra atividade tecnológica, a navegação na *internet* revela uma condição do coração. Permanecemos nas águas rasas da *internet*, onde é seguro e não precisamos lidar com conflitos, relacionamentos ou desafios de qualquer tipo. O cientista da computação Jaron Lanier diz que estamos “viciados em uma miragem ilusória”, na qual continuamos a nos esforçar e lutar por algo que não é real.[1] Fugimos da realidade da vida por meio da busca constante, e isso nos coloca em uma rotina enraizada. Então a própria busca se torna a rotina. Quanto mais continuamos tentando encontrar informações, mais elas nos escapam. O líder eclesiástico e autor John Ortberg resumiu isso com clareza: nós nos contentamos com uma versão medíocre da fé porque estamos distraídos demais.[2]

Lanier chama essa busca de *alteração constante de recompensas pouco claras*. Uma vez que nem sabemos o que estamos procurando, jamais encontraremos. Como mencionei anteriormente, é assim que eu definiria obsessão. Não sabemos por que continuamos clicando, nem qual será o resultado. A navegação na *internet* é tão irrefletida e interminável que continuamos a fazer isso sem parar.

Se houvesse um objetivo claro em mente — como comprar uma casa ou um carro, fazer uma pesquisa para um trabalho escolar, encontrar a receita de que precisamos para preparar o jantar e desfrutar a refeição —, navegar na *internet* não seria tão atrativo. Por fim, pararíamos de pegar no mouse e fecharíamos o computador.

A rotina de navegação na *internet* no final desta seção é eficaz porque foi projetada para definir parâmetros de navegação *on-line* e estabelecer metas claras, acessíveis e alcançáveis. Você tem apenas sete minutos para encontrar respostas. É você quem decide a intenção da sua navegação e clica com mais propósito. A rotina de redes sociais também ajuda você a entrar em sincronia com o seu propósito tanto na carreira quanto na vida, bem como a pensar por que você precisa gastar tempo nas águas rasas.

---

[1] Lanier, Jaron. **Ten Arguments for Deleting Your Social Media Accounts Right Now**. New York: Henry Holt, 2018. P. 15.

[2] Comer, op. cit., p. 27.

O autor John Eldredge observa que atividades superficiais, como navegar na *internet* e acessar as redes sociais, fornecem um fluxo interminável de *nonsense*. Clicamos em notícias e fofocas de celebridades, a maioria delas negativa. Conferimos o que os políticos estão dizendo no Instagram. Trata-se de um mecanismo de entrega de trauma, como explica Eldredge — um fluxo constante de opiniões, informações, dados e atualizações de status que nos transforma em conchas vazias puxadas para um campo gravitacional que nos entorpece e nos faz sentir menos humanos.[3] Eldredge continua se perguntando por que isso acontece. Nenhum de nós sabe ao certo. "Minha alma é incapaz de levar a vida na velocidade de um *smartphone*", escreveu.[4] Minha também. Eldredge recomenda práticas simples, como a pausa de um minuto, durante a qual você simplesmente para, respira e pensa.

Deveríamos passar mais tempo pensando nas transições que precisamos experimentar na vida. Não precisamos clicar, clicar, clicar. Podemos parar, pensar e avaliar. Podemos desacelerar. "O solo seco e queimado não consegue absorver a própria chuva da qual necessita", escreveu Eldredge.[5] Isso acontece porque, com a navegação na *internet*, o acesso a e-mails e às redes sociais, o solo raso tem poucos centímetros de profundidade e não é capaz de nos sustentar. Existem bilhões de sites, mas apenas 168 horas na semana. Infelizmente, de acordo com um relatório da Hootsuite e We Are Social de 2018, passamos impressionantes seis horas e 42 minutos *on-line* todos os dias.[6] Caso você esteja se perguntando, são quase dois dias inteiros de 24 horas por semana.

---

[3] Eldredge, *Get Your Life Back*. P. xii.

[4] Ibid,, p. xiii.

[5] Ibid., p. xv.

[6] Salim, Saima. "More Than Six Hours of Our Day Is Spent On-line — Digital 2019 Report", **Digital Information World**, 4 de fevereiro de 2019. Disponível em: <https://www.digitalinformationworld.com/2019/02/internet-users-spend-more-than-a-quarter-of-their-lives-on-line.html>. Acesso em: 18 set. 2024.

***

Mencionei as intenções de implementação em um capítulo anterior — por exemplo, a técnica de produtividade na qual você planeja o que vai fazer e só depois realiza. Nosso cérebro é programado para concluir tarefas predeterminadas, e somos mais produtivos quando seguimos com rigor esses planos.

E se abordássemos a navegação na *internet* e nas redes sociais da mesma maneira? Bons planos com parâmetros nos tornam mais produtivos. Que receita maravilhosa para afastar o fascínio da "miragem ilusória". Podemos parar de buscar o que não pode ser achado e descansar no fato de que já encontramos propósito, verdade, significado e intenção. Não precisamos nos estressar com a busca implacável pela perfeição. Em vez disso, desfrutaremos contentamento ao buscar o imperfeito por um pequeno período limitado.

Nós ainda temos tempo. A busca implacável parece familiar agora e não tão prejudicial. Trata-se de um hábito no nível da superfície agora, pouco acima de um oceano de insignificância. Desperdiçamos tempo navegando por nada e coisa alguma. No entanto, a ilusão é sedutora e o tempo é curto. A intencionalidade nos aguarda.

E se todos nós desacelerássemos um pouco? Que tal inspirar e expirar? Deixar o fluxo da intencionalidade prevalecer em relação aos cliques constantes? E se parássemos por um instante durante o dia, em vez de clicar em todos os sites que encontramos, e refletíssemos sobre por que clicamos e o que estamos tentando realizar?

Se tão somente aprendêssemos a ser mais intencionais em relação a por que e como clicamos! Como Henry David Thoreau tão sabiamente declarou: "Não basta ser ocupados. Assim vivem as formigas. A pergunta é: Com o que você se ocupa?".[7]

---

[7] "Henry David Thoreau", Goodreads. Disponível em: <https://www.goodreads.com/quotes/7273089-it-s-not-enough-to-be-busy-so-are-the-ants>. Acesso em: 14 jul. 2021.

ROTINA PARA SURFAR NA INTERNET

Esta rotina tem o objetivo de definir limites para navegar na *internet*, a fim de que você consiga focar nas tarefas *on-line* que podem ajudá-lo.

◉ **Antes de começar: *prepare-se***
Comece desativando todas as notificações no seu celular e fechando as guias desnecessárias no navegador. Saia de aplicativos que você não precisa usar. Garanta a organização da sua área de trabalho; reposicione o mouse e a xícara de café. Lembre-se de que as rotinas deste livro incentivam a atenção concentrada por apenas sete minutos; portanto, aproveite esse tempo ao máximo. Como sempre, use um relógio ou cronômetro para contabilizar o tempo enquanto navega.

Minuto 1: *defina o propósito*
Antes de fazer a busca *on-line*, defina o propósito. Pode ser pesquisar os melhores livros do ano, ler sobre as opções de refinanciamento da casa própria ou procurar uma receita para o jantar. Seja específico. Lembre-se de vincular essa atividade à meta geral que você tem para o dia. Um exemplo de navegação *on-line* não específica pode ser procurar fotos fofas de filhotes o dia todo. Evite isso. Separe um minuto desta rotina para decidir qual é o seu objetivo geral.

Minuto 2: *faça as buscas*
Durante o próximo minuto, comece as buscas. Isso é diferente de *surfar*. Você está pesquisando intencionalmente páginas da *internet* que possam ajudá-lo a atingir o seu objetivo geral.

Evite ler qualquer uma das páginas que encontrar por enquanto. Destaque as que parecem úteis. Faça pesquisas durante todos os 60 segundos. Não há problema em abrir novas guias ou novas janelas do navegador para cada pesquisa. A ideia é *pesquisar* e não ler nenhum *link*.

Minutos 3 a 6: *analise os resultados*
Comece a ler os *links* que você encontrou, marque-os para pesquisa posterior (o que não é o mesmo que surfar) ou demore-se em alguns *sites* que pareçam interessantes. Nesta etapa, você principalmente analisará os resultados e decidirá quais páginas da *internet* valem a pena manter para pesquisa. Feche todos os *sites* que não o ajudem a alcançar o objetivo principal.

Minuto 7: *compile os resultados*
Depois de organizar os resultados da pesquisa, adicionar *links* aos favoritos ou decidir como você usará as informações encontradas, o próximo passo é fazer uma síntese dos resultados. Elabore uma declaração clara sobre o que você descobriu na sua pesquisa e como isso o ajudou a alcançar o seu objetivo. Desfrute o fato de que você controlou o seu uso da *internet* e o tornou mais produtivo.

ROTINA PARA O ACESSO ÀS REDES SOCIAIS

Esta rotina tem o objetivo de definir limites para acessar as redes sociais, a frequência das suas publicações e como conter a obsessão pelas redes.

◉ **Antes de começar: *prepare-se***
Decida, em primeiro lugar, quais aplicativos e sites de redes sociais você precisa usar. Pode ser apenas Facebook e Instagram, mas não Twitter ou LinkedIn. Para profissionais de negócios, você pode decidir que só precisa usar o LinkedIn. Abra esses aplicativos em uma janela do navegador (pois, assim como o e-mail, você deve evitar mantê-los abertos o dia todo). No celular, mantenha apenas os aplicativos necessários e delete todos os outros.

Minuto 1: *dê uma olhada geral e planeje*
Dê uma olhada rápida em todas as mensagens novas, mas não demore muito. A ideia aqui é ver o que há de novo, mas somente uma vez e apenas por 60 segundos. Você confere o *feed* para ver o que há de novo e interessante, mas dentro de um intervalo de tempo definido e apenas uma vez. Seja intencional em relação a esta etapa e evite rolar para baixo, voltar para cima e para baixo novamente.

Minuto 2: *curta e compartilhe*
Em seguida, comece a interagir com as postagens conforme necessário. Faça isso de forma extremamente intencional. A maioria das redes sociais, incluindo Facebook e Twitter, permite que você salve as publicações ou as marque

como favoritas. No Facebook, por exemplo, vá em frente e clique em *curtir* em novas postagens ou as compartilhe, mas pare por aí. No Instagram, deslize rapidamente pelas publicações e curta ou marque as favoritas conforme necessário. Não se demore muito. Não há necessidade de percorrer o *feed* repetidamente. Faça uma análise rápida, curta, compartilhe e pare.

Minutos 3 a 5: *comente*

Retorne às postagens que você marcou ou salvou e faça comentários ou as compartilhe. Nesta etapa da rotina, você para de fazer qualquer rolagem aleatória. Na verdade, você deslizou pelo *feed* por apenas um minuto e depois salvou ou marcou postagens. O curioso é que as empresas de redes sociais fornecem esses recursos de salvar porque desejam fornecer ferramentas para produtividade. Infelizmente, a maioria das pessoas não os utiliza. No entanto, depois de criar o hábito de salvar postagens, você pode comentar ou interagir com o autor da publicação (por exemplo, iniciando uma sessão de bate-papo). Além disso, você só comenta nas postagens mais importantes.

Minuto 6: *poste uma ou duas vezes*

Poste apenas uma ou duas vezes em uma sessão de sete minutos. A rotina de redes sociais ajuda a evitar a rolagem aleatória em busca de cada vez mais informações e novidades e a não gastar muito tempo navegando nos *feeds*. Em vez disso, quando posta, você se torna mais como um profissional que administra redes sociais: crie a postagem, adicione uma imagem, publique-a e siga adiante para outras tarefas.

Minuto 7: *revisão*

Antes de prosseguir para atividades mais importantes, faça uma revisão final a fim de confirmar que você não se esqueceu de nada (provavelmente não) e recorde quanto tempo você está economizando.

SEÇÃO 7

A apresentação interminável

As pessoas não prestam
atenção ao que é chato.
Steve Jobs

25

VENDA UMA IDEIA EM APENAS SETE MINUTOS

Entrei no salão de festas lotado de um hotel e não consegui encontrar um lugar para me sentar. O crachá que me identificava claramente como membro da imprensa estava pendurado no meu pescoço, mas não parecia ajudar. O lugar transbordava gente até sair pelo ladrão. Eu estava em um congresso de tecnologia em Austin chamado *South by Southwest* em 2016. Um ano antes de participar, meu artigo sobre a rotina matinal de sete minutos havia criado um reboliço e agora estava causando um efeito cascata. Alguém da equipe de relações públicas do evento me encontrou. "Essa rotina matinal de sete minutos realmente funciona", sussurrou, confidenciando que ela própria estava praticando "os 7".

Ela isolou uma pequena área na parte de trás com uma corda e começou a explicar o que eu estava prestes a ver. O SXSW (como é conhecido o evento) é uma grande conferência no centro da cidade que dura várias semanas, mas ela disse que estavam tentando algo novo: um evento de apresentações de ideias em que empreendedores ficam na frente de investidores, promotores da tecnologia e da população em geral (além dos jornalistas, é claro) e têm um período predeterminado para apresentar sua proposta.

Tudo precisava dar certo, inclusive a apresentação em PowerPoint, a música, as explicações e as piadas. O evento planejava premiar várias *start-ups* com um pequeno investimento para ajudá-las a dar o pontapé inicial em sua ideia.

Enquanto me ajeitava para as apresentações, a relações públicas deu uma risadinha.

— Então, adivinhe quanto tempo eles têm? — ela perguntou em tom amigável.

Eu não fazia ideia. Presumi que a maioria dos eventos de propostas de negócios, como aqueles que tinha visto em outras conferências e em eventos da Inc. no passado, duravam cerca de dez a 15 minutos. Ela revirou os olhos.

— Nós demos sete minutos para cada um, é claro!

Fiquei surpreso, mas, ao mesmo tempo, sabia que essa duração é baseada no conceito de período de atenção continuada. Eu não fazia a menor questão de receber os créditos; foi apenas uma feliz coincidência.[1]

Até hoje me lembro da primeira proposta. Um empresário caminhou até a frente da sala e contou uma história sobre seus filhos. A cada tópico, ele mostrava uma imagem colorida ou um gráfico. Os *slides* foram mais uma forma de destacar do que ele estava dizendo, e ele seguiu à risca a primeira regra de todas as apresentações: nunca se limite a simplesmente repetir o que está na tela. O aplicativo daquele homem ajuda você a acompanhar o tempo de tela de seus filhos. Fui totalmente convencido. Mais tarde,

[1] E aqui está mais uma: um dos leitores do manuscrito deste livro, que é professor universitário, mencionou a técnica Pecha Kucha para fazer apresentações. Você deve usar 20 slides e falar sobre cada um deles por 20 segundos. Os *experts* em matemática saberão que isso totaliza cerca de sete minutos por apresentação. "Fica claro quem entende o material e quem não entende" — explicou. "Não beneficia aqueles que têm o dom da oratória em detrimento dos que não têm".

descobri que os organizadores do evento também foram. Ele não só venceu o evento de propostas, como também sua empresa se tornou uma participante viável do mercado.

***

Um "mau hábito" coletivo nos negócios, em salas de aula, eventos de tecnologia, comunidades eclesiásticas e até mesmo no encontro do clube de confeitaria vegana é pensar que uma apresentação deve durar 45 minutos ou mais. Tendemos a preencher um intervalo de tempo com informações demais, imaginando que é isso que ajuda as pessoas a se conectarem com uma ideia. Não. Os mesmos princípios que você usa para a rotina matinal e para verificar o seu e-mail se aplicam a uma apresentação. Além do mais, as pessoas só prestam atenção *mesmo* nos primeiros sete minutos.

Há algumas ressalvas a serem mencionadas aqui. A rotina de apresentação no final desta seção se destina a situações em que você está vendendo uma ideia, dando uma breve palestra para uma reunião de diretoria ou tem um prazo limitado.

Ela não tem o intuito de substituir uma apresentação durante uma matéria na universidade, por exemplo. Se você for estudante (ou o professor), talvez precise compartilhar 30 ou 40 *slides* como parte de uma tarefa. Se você está fazendo uma capacitação para a equipe de funcionários sobre o pacote de benefícios e seleção do tipo de seguro-saúde, essa rotina não é para você (embora muitos dos princípios ainda se apliquem nesses casos).

A rotina de apresentação funciona para diversas situações em que você tem um público cativo e precisa apresentar muitas informações em um curto período. Como você verá na rotina descrita nesta seção, a ideia básica é impressionar o público com uma história de abertura cativante, resumir rapidamente o que você está prestes a dizer, mostrar o "prato principal" da apresentação, lembrá-los novamente das ideias mais importantes e, em seguida, concluir com um breve resumo e um convite à ação.

***

Esta seção oferece dicas práticas acerca de como fazer uma apresentação em sete minutos. Ao pesquisar para este livro, foi surpreendente perceber que o tema de engajar o público, reter sua atenção e propor um passo de ação ao final não é bem documentado — pelo menos em termos de estudos científicos e pesquisas que tenham descoberto o que funciona melhor com base no perfil de um grande público.

O que dá para encontrar são livros de pseudociência que falam sobre o processo de venda como se o vendedor estivesse seduzindo ratos para dentro de um labirinto. Deixaremos de lado esse tipo de abordagem, principalmente porque tais livros parecem uma forma de aumentar a confiança do vendedor, em vez de aumentar as vendas em si.

O que faz uma apresentação cativar o público? Há um indivíduo que podemos destacar como o exemplo supremo do que funciona: Steve Jobs.

Muito antes da minha participação no SXSW em Austin em 2016 e mesmo antes de trabalhar como jornalista e colunista a partir de 2001, liderei um grande projeto de design de informação para uma gigante do varejo da região de Minneapolis. Minha equipe projetou *websites*, escreveu documentos e elaborou sistemas de ajuda usados por mais de 50 mil funcionários. Um momentinho para me gabar aqui: um dos aplicativos que desenvolvemos para o sistema dos pontos de venda na época incluía uma interface de usuário que os funcionários usaram por muitos anos. Eu mesmo projetei os botõezinhos dos pontos de venda.

Uma vez que o design gráfico era crucial para o nosso trabalho, a empresa me enviava todos os anos para a conferência Macworld em Boston. Posteriormente, a Apple mudou o local do evento para San Francisco e continuei a participar. E a conferência foi se transformando no que conhecemos hoje: um evento glamoroso e fechado somente para a Apple com a finalidade de anunciar o lançamento de novos dispositivos eletrônicos.

Éramos um público cativo — "cativo" pelo fato de que as nossas opções eram limitadas. Os computadores não eram tão poderosos naquela época, a *internet* mal existia e o Google era apenas uma ideia criativa na mente de dois egressos de Stanford chamados Sergey Brin e Larry Page. Se você estiver fazendo as contas, deve ter descoberto que o ano era 1997. Apenas três anos antes, eu havia participado do Macworld em Boston e presenciado Stephen Hawking deslumbrar um pequeno público usando um sintetizador de fala no hotel Park Plaza.

Nesse ano, outra grande estrela subiu ao palco.

Estava vestindo camisa branca e colete preto.

***

Steve Jobs havia assumido o cargo de CEO em 1997, mas, na época, era mais conhecido por seu trabalho liderando a Pixar do que qualquer outra coisa. Não havia iPhone, iPad nem o endeusamento de sua figura como o mais inteligente mago da tecnologia que já existiu. Eu estava no meio do público e fiquei boquiaberto. Peguei um diário e comecei a anotar não só o que ele dizia, mas também *como dizia*. Os primeiros slides foram sobre notícias negativas na imprensa. Ele fez algumas brincadeiras, por exemplo: "A Apple está executando maravilhosamente... uma série de coisas erradas!".[2] Então fez uma apresentação envolvente explicando de que modo a Apple ressurgiria como um grande monumento da tecnologia.[3]

As coisas parecem ter funcionado conforme o plano, certo? Quando Jobs morreu em 2011, após uma longa batalha contra o

---

2 Trata-se de um ótimo resumo de como muitos de nós trabalhamos.

3 MEDIENWANDEL, "Macworld 1997: The Return of Steve Jobs", vídeo no YouTube, 38:31, publicado por "medienwandel," 19 de outubro de 2011. Disponível em: <https://www.youtube.com/watch?v=IOs6hnTI4lw>. Acesso em: 18 set. 2024.

câncer de pâncreas, a empresa havia atingido um valor de mercado superior a 350 bilhões de dólares.[4] Hoje, são 2 trilhões.[5]

Embora a apresentação inteira tenha durado cerca de 30 minutos, aqui está uma descoberta interessante: seus comentários iniciais duraram cerca de sete minutos. Mesmo naquela época, Jobs sabia que só teria um público cativo por um curto período. Depois de sete minutos, ele contou várias anedotas e apresentou pequenos segmentos aleatórios para quebrar a monotonia. Se você assistir à palestra no YouTube, perceberá que ele aborda as ideias mais importantes nos sete primeiros minutos. O resto parece secundário, mesmo para uma estrela como Jobs.[6]

Ele parecia ciente da janela de tempo limitada em que as pessoas ouviriam suas palavras de conselho e explicações. Funcionou. Jobs anunciou uma parceria com a Microsoft naquele ano, impressionou a multidão (inclusive eu) e conduziu a Apple a uma era de domínio total do mercado. Não é difícil argumentar que tudo começou com aquela conversa da Macworld.

***

A maioria de nós não dirigirá uma empresa de 2 trilhões de dólares. Fiz inúmeras apresentações nos últimos anos, e a única constante em todas elas é que só se tem sete minutos para causar uma boa impressão. Você pode continuar falando muito mais do

---

[4] "Apple Market Cap 2006–2020", **Macrotrends**. Disponível em: <https://www.macrotrends.net/stocks/charts/AAPL/apple/market-cap>. Acesso em: 27 abr. 2021.

[5] Nicas, Jack. "Apple Reaches 2 Trillion, Punctuating Big Tech's Grip", **New York Times**, 19 de agosto de 2020. Disponível em: <https://www.nytimes.com/2020/08/19/technology/apple-2-trillion.html>. Acesso em: 18 set. 2024.

[6] Mesmo em anos posteriores, Jobs apresentava seu melhor material nos sete primeiros minutos. Com frequência, terminava a apresentação com "e tem mais uma coisa", que (você já deve ter adivinhado) também durava 7 minutos. Entre essas duas partes? Informações secundárias...

que isso, mas a regra geral é que você deve aproveitar ao máximo os primeiros minutos.

Conforme explicamos, a atenção continuada tem base científica. No capítulo a seguir, analisaremos mais de perto como isso pode ajudar você.

26

COMO FUNCIONA O PERÍODO DE ATENÇÃO CONTINUADA

Cientistas explicam que conseguimos focar a nossa atenção por cerca de sete minutos. A duração de sete minutos nas rotinas deste livro ajuda você a colocá-las em prática com facilidade. Infelizmente, as apresentações no mundo real costumam durar bem mais do que sete minutos.

A rotina de apresentação em sete minutos descrita posteriormente nesta seção ajuda a colocar limites nesse total de tempo. Você aprenderá a concentrar todos os detalhes cruciais, aqueles que irão "vender" a sua ideia mais que os outros.

Escrever um artigo é um primo distante de *fazer uma apresentação* em público. Ao escrever um artigo, você elimina as gordurinhas, aprimora as suas habilidades e esculpe uma peça digna de prêmio. Ao fazer uma apresentação, você tem sete minutos para clicar nos slides ou contar uma história. Com a restrição de tempo imposta por si mesmo, você pode se tornar um gênio em organizar os seus pensamentos e impressionar a multidão.

Conforme observou o autor Carmine Gallo, as pessoas param de prestar atenção em você depois de dez minutos.[1] Não há nada que possamos fazer em relação a isso.

Em vez disso, o que está ao nosso alcance é preencher o tempo que temos de maneira mais intencional. Você pode fazer uma apresentação customizada para o seu público, como Steve Jobs na Macworld, e definir limites de tempo ou até mesmo usar o formato de palestra TED (que varia em duração de cerca de três a não mais do que 18 minutos). Como fazer isso em termos práticos? Qual é o segredo? Um homem da história descobriu a resposta.

***

Dale Carnegie era um ator fracassado que morava em Nova York em 1912. Ele trabalhava como vendedor para a montadora de automóveis Packard e mal conseguia pagar o aluguel. Nessa época, embora vivesse em pobreza abjeta, matriculou-se em um curso de prestígio na Academia Americana de Artes Dramáticas, que enfatizava um estilo de apresentação autêntico (mais tarde, ele escreveria seu célebre livro *Como fazer amigos e influenciar pessoas*).

Levando a sério o que havia aprendido acerca de oratória e teatro, Carnegie decidiu largar seu emprego de vendedor e oferecer um curso na YMCA [Young Men's Christian Association — Associação de jovens cristãos] local. A princípio, seu pagamento era de respeitáveis dois dólares por aula (ou cerca de 50 dólares hoje); suas palestras eram altamente coreografadas para parecerem genuínas. Ele não usava a abordagem mais comum da época de fazer gestos dramáticos e posar como uma estátua com algo importante a dizer. Em vez disso, movimentava-se pelo palco e

[1] "Why PowerPoint Presentations Always Die after 10 Minutes and How to Rescue Them", **Enterprise Florida**, 30 de abril de 2014. Disponível em: <https://www.forbes.com/sites/carminegallo/2014/04/30/why-power-point-presentations-always-die-after-10-minutes-and-how-to-rescue-them>. Acesso em: 18 set. 2024.

falava como se fosse amigo íntimo do público. Se isso parecer um pouco com o estilo de Steve Jobs, provavelmente não é por acaso.

Certa noite, Dale terminou uma palestra um pouco mais cedo depois de fazer seus comentários habituais. (Esse é o problema de ser tudo meticulosamente coreografado). Ele precisou improvisar, mas percebeu que a multidão estava um pouco inquieta. Então resolveu tentar algo novo.

— Pense em algo que deixe você com raiva — sugeriu.

De repente, todos começaram a prestar atenção enquanto vários participantes compartilhavam seus sentimentos. Carnegie tocou em algo profundo. Ele decidiu se envolver com as pessoas de maneira honesta e aberta, para se conectar por meio de uma realidade compartilhada.

Daquele momento em diante, Carnegie sempre faria questão de estabelecer uma conexão familiar semelhante e evitaria parecer inacessível e remoto. É um princípio que o Instituto Dale Carnegie continua a defender quando usa o slogan "A transformação começa por dentro", o qual sugere honestidade e autenticidade em qualquer apresentação ou palestra.[2] Esse lema foi inserido nas apresentações feitas por Steve Jobs e é também a abordagem encontrada em quase todas as TED Talks. Além disso, corresponde à melhor maneira de fazer uma apresentação hoje.

[2] É possível encontrar informações biográficas acerca de Dale Carnegie em: CARNEGIE, Dale. "Our Proof is in Our History", **Dale Carnegie**. Disponível em: <https://www.dalecarnegie.com/en/approach/heritage>. Acesso em: 21 ago. 2021. Biography.com Editors, "Dale Carnegie", **The Biography.com Website**, 15 de abril de 2019. Disponível em: <https://www.biography.com/writer/dale-carnegie>. HARLEM WORLD MAGAZINE, "Carnegie Discovered 'How To Win Friends And Influence People' In Harlem, 1911", **Harlem World Magazine**, 26 de novembro de 2017. Disponível em: <https://www.harlemworldmagazine.com/dale-carnegie-discovered-win-friends-influence-people-harlem-1911/>. Acesso em: 18 set. 2024. COFFEY, Dan. "Carnegie, Dale (1888–1955)", **Encyclopedia.com**, atualizado em 17 de agosto de 2021. Disponível em: <https://www.encyclopedia.com/media/encyclopedias-almanacs-transcripts-and-maps/carnegie-dale-1888-1955>. Acesso em: 18 set. 2024.

Já mencionei James Veitch neste livro. Em seu famoso TED Talk sobre spam, ele começa dizendo: "Há alguns anos, recebi um daqueles e-mails de spam".[3] Chamo isso de empatia instantânea. Agora ele tem o público nas mãos. Damos ouvidos porque nos identificamos com essa frase de abertura. *Spam* é irritante! Odiamos *spam*, então nos inclinamos para frente e escutamos com toda a atenção.

Você já notou como as palavras *intenção* e *intencional* são intimamente relacionadas? Isso não acontece por acaso. Ambas significam algo *claramente formulado*.

Ao adotar uma abordagem intencional, você age com intenção e ajuda as pessoas a entender o que está prestes a dizer. Uma vez que você só consegue prender a atenção delas por sete minutos, a despeito de quanto tempo você realmente fale, ser intencional faz todo sentido. Antes de Carnegie morrer em 1955, cerca de 450 mil indivíduos participaram de um de seus cursos. Cerca de 30 milhões de pessoas compraram seu livro. Todos conhecem o nome dele.

***

Segue-se, então, a pergunta mais importante a ser respondida nesta seção: Por que a maioria das apresentações são tão *não intencionais*? Ficamos tão entediados com a maioria das palestras que preferiríamos observar alguém aspirar a sujeira do interior de um avião.

Culpo o Microsoft PowerPoint. Lançado em 1987, enquanto eu ainda estava na faculdade, o aplicativo tem sido o flagelo de todas as reuniões de negócios desde então. Deixamos os *slides* deslumbrar e entreter, embora a maioria deles não deslumbre nem entretenha de fato. Em geral, incluem gráficos chatos de duas cores e alguns desenhos animados. Aliás, a Amazon proíbe o uso do programa.[4]

---

[3] Veitch, "This Is What Happens When You Reply to Spam Email".

[4] James, Geoffrey. "Jeff Bezos Banned PowerPoint and It's Arguably the Smartest Management Move He's Ever Made", **Inc**. Disponível em: <https://www.inc.com/geoffrey-james/jeff-bezos-banned-powerpoint-its-arguably-smartest-management-move-that-hes-ever-made.html>. Acesso em: 27 abr. 2021.

O executivo Robert Pozen conta a história de um famoso *slide* de PowerPoint usado durante a guerra no Afeganistão. Você pode encontrá-lo no Google pesquisando "Afghan War PowerPoint" [PowerPoint da Guerra do Afeganistão] e observar a complexidade de cair o queixo. Como disse o general Stanley McChrystal na época: "Quando entendermos esse slide, teremos vencido a guerra".[5]

O problema é que o PowerPoint é um substituto fraco para uma abertura com uma história cativante no início da sua proposta de vendas ou reunião de negócios. É menos eficaz do que transmitir exemplos específicos e solicitar uma resposta dos participantes, conforme descrito na rotina de apresentação.

Até mostrar um vídeo não funciona tão bem hoje em dia. As pessoas podem pegar o celular e assistir a algo muito mais interessante no YouTube.

Senti na pele "o problema do PowerPoint" certa vez, quando estava mentoreando estudantes universitários. Não segui o meu próprio conselho e comecei fazer uma nova apresentação sobre tendências nas redes sociais sem me preparar primeiro. Eles conseguiam perceber que eu estava improvisando. Depois de eu falar por alguns minutos sobre os perigos dos *trolls* do Twitter, grande parte do material inventado na hora (o que nunca é uma boa fonte), dava para ver que eu estava perdendo a atenção daqueles alunos da Geração Z, a maioria deles com cerca de 20 anos de idade. Eles sabem quando você não está falando nada com nada. Decidi encerrar a apresentação mais cedo, de uma hora para outra, e mudei de atividade para uma sessão de *brainstorming*.

Mas aprendi a lição. Na próxima vez em que me encontrei com eles, já tinha feito a lição de casa. Aqueles estudantes frequentavam uma faculdade cristã da região, e eu sabia que deveria apresentar fatos importantes em um curto espaço de tempo. O intervalo de atenção da Geração Z é de aproximadamente oito segundos,

---

[5] Pozen, Robert C. **Extreme Productivity**: Boost Your Results, Reduce Your Hours. New York: Harper Business, 2012, p. 93.

de acordo com um estudo do IBM Institute for Business Value.[6] (Curiosidade: o intervalo de atenção dos *millennials* dura 12 segundos, de acordo com o mesmo estudo). Se o intervalo de atenção durante oito segundos e o período de atenção continuada — ou seja, quando nos concentramos mais intensamente — dura sete minutos, cada segundo conta. Assim como cada minuto.

Na rotina de apresentação, você aprenderá a passar rapidamente da declaração de abertura aos pontos principais e daí para o resumo de fechamento e o convite à ação. Faça isso rápido! Costumo seguir o meu conselho quando proponho aos editores uma ideia de artigo. Lembre-se de que nenhuma apresentação deve depender dos slides. Cative a atenção dos ouvintes e os mantenha ao seu lado o tempo inteiro. Forneça detalhes. Então esteja pronto para inspirá-los à ação e a uma resposta no final, conforme abordaremos no capítulo a seguir.

---

[6] Arya, Vineet. "How Not to Lose Attention of Gen Z in the 8 Seconds that You Have?", **Entrepreneur**, 5 de junho de 2019. Disponível em: <https://www.entrepreneur.com/article/334791>. Acesso em: 18 set. 2024.

27

FECHE O NEGÓCIO NA SUA APRESENTAÇÃO

Brittany Thoms subiu ao palco do Classic Center em Athens, no estado da Georgia, Estados Unidos, em um dia de 2020. A pequena empresária administra uma agência de relações públicas que representa grandes empresas como Airstream e ajudou a promover eventos como Passion Conferences e Catalyst. Embora o congresso Stronger Branding tenha se tornado virtual durante a pandemia, ainda havia dezenas de participantes presenciais (todos com distanciamento social, é claro) e um grande público que acompanhava ao vivo.

Ela tinha uma chance de impressioná-los. Brittany seguiu uma técnica de apresentação defendida pelo dr. Tim Elmore, autor e palestrante que escreve com frequência sobre como se conectar com as gerações mais jovens. Ela havia aprendido a engajar o público de imediato, então começou mostrando um *slide* com uma única palavra — MENTIRA — em letras grandes e em negrito. Ela queria falar sobre a verdade na publicidade e relacionar esse conceito a exemplos positivos de *branding*.

Thoms já havia se apresentado em grandes eventos antes. Em sua comunidade eclesiástica em Atlanta, já palestrou para

60 mil pessoas. Naquele dia, ela tinha uma fórmula para o sucesso. Após mostrar o slide com a palavra *mentira*, ela mostrou *slides* com as palavras *verdade* e *confiança*. Thoms tem um estilo de apresentação espirituoso. Ela poderia até ler sua lista de compras no supermercado que pareceria interessante. Mas, por ser dona de uma empresa, seu objetivo era explicar por que *branding* e publicidade estão ligados a comunicar a verdade acerca de uma empresa de forma clara e compreensível.

Ela escolheu a Disney World como exemplo positivo. Seus slides incluíam detalhes explicando por que o parque temático não vende chicletes (você nunca verá uma bagunça pegajosa em um brinquedo ou debaixo do sapato), há latas de lixo a cada 15 metros, e nenhum dos funcionários jamais dirá as palavras "Não sei!" para um cliente. Ela passou mais alguns *slides* e, em seu convite à ação, afirmou que sua agência só atende marcas que eles próprios usariam.

Thoms explica que anseia por "fazer coisas que a assustem" e, para muitos de nós, fazer apresentações em público é uma das experiências mais assustadoras que existem. Em sua vida, você pode fazer milhares de apresentações se trabalhar em negócios ou vendas. Thoms dirige uma agência com 24 funcionários e tem clientes grandes, em parte porque ela se comunica efetivamente.[1] "Efetividade é fazer as coisas certas", afirmou o autor Peter Drucker.[2]

Quando fazemos apresentações efetivas, transmitimos propósito e significado de maneira que produz resultados. A autora Nancy Duarte disse em seu famoso TED Talk sobre apresentações em 2011: "Uma apresentação tem o poder de mudar o mundo se transmitir uma ideia com efetividade".[3]

---

[1] Thoms, Brittany. Entrevista por telefone com a autora, 23 de novembro de 2020, transcrição e gravação em áudio disponíveis.

[2] Drucker, Peter. Goodreads. Disponível em: <https://www.goodreads.com/quotes/31286-efficiency-is-doing-the-thing-right-effectiveness-is-doing-the>. Acesso em: 14 jul. 2021.

[3] Duarte, Nancy. "The Secret Structure of Great Talks", TED, novembro de 2011. Disponível em: <https://www.ted.com/talks/nancy_duarte_the_secret_structure_of_great_talks>. Acesso em: 18 set. 2024.

Como explica Duarte, porém, ninguém quer se contentar com a mera comunicação. Queremos *ação*. Isso significa "fechar negócio" para estimular uma resposta real, em vez de simplesmente concordar com a cabeça. Como Thoms me explicou, seu objetivo naquele dia era despertar entusiasmo em relação ao *branding*, levando as pessoas de um modo de pensar a outro — a transformar seu pensamento.

***

Fechar negócio não significa ficar rico, conseguir mais clientes para a sua empresa desconhecida ou parecer inteligente. Trata-se de algo bem mais importante. Estou falando sobre o ouvinte perceber que a sua apresentação atendeu às necessidades dele e valeu o investimento de tempo. Cada um dos sete minutos de duração! Acredito que Dale Carnegie estava certo: as pessoas sabem quando você é autêntico. Cada apresentação deve ser altamente coreografada e sintonizada com a resposta da audiência.

Você pode chamar esse conceito de *conhecer o público*.[4] Se existe a esperança de que aquilo você tem a oferecer não entrará em um ouvido e sairá pelo outro, talvez seja melhor descobrir quem são essas pessoas receptivas em meio à multidão e se elas estão dispostas a aceitar o que você diz.

A rotina de apresentação que abordaremos a seguir se destina a engajar a atenção — começar com um resumo envolvente na abertura, apresentar os fatos mais cruciais com rapidez de maneira instigante e encerrar com um resumo que leve a uma ação. Vamos mergulhar fundo em como essa rotina pode ajudar você a comunicar ideias de modo efetivo, que se traduz com facilidade e conduz a resultados autênticos.

---

[4] Conhecer o seu público revela alto grau de confiança e empatia. O que você tem a dizer está à altura do valor do tempo dos ouvintes, e você se importa com o tempo que isso leva.

ROTINA DE APRESENTAÇÃO

Esta rotina se destina a ajudar você a fazer uma apresentação tranquila (e curta). Aborde os temas mais importantes e deixe espaço no final (após os primeiros sete minutos) para discussão ou mais detalhes.

◉ **Antes de começar: *prepare-se***

Decida o tema da sua apresentação antes de começar esta rotina. Deixe um relógio ou cronômetro à mão para aperfeiçoar a sua apresentação e limitá-la a sete minutos.

◷ **Minuto 1: *conquiste a atenção do público***

Comece a apresentação causando impacto. Mostre uma foto dos seus filhos, por exemplo. Desperte o interesse das pessoas e dê a elas o tempo necessário para se ajustar ao seu estilo de apresentação, ao ambiente onde vocês se encontram ou até mesmo à iluminação. Isso as ajudará a estar preparadas para o tema. Use o primeiro minuto para ganhar confiança também. Certifique-se de que a sua técnica de chamar atenção faça a transição para o tema da apresentação. Lembre-se, você só tem um minuto para causar impacto.

◷ **Minuto 2: *resuma rapidamente o assunto***

Dedique cerca de um minuto para resumir o tema. Faça isso rápido! Diga-lhes o que esperar. Certifique-se de aproveitar ao máximo a atenção que você conquistou no início. Explique em uma frase o que você abordará na sua apresentação — o que você está vendendo, sugerindo, explicando ou oferecendo. Seja sucinto e claro. Se você não conseguir resumir a palestra em uma declaração explícita, continue revisando até ser capaz de fazê-lo. Evite ser muito complicado nesta etapa.

Minutos 3 a 6: *faça a apresentação*

Você já chamou a atenção do público e resumiu a palestra. Excelente! Agora dedique a maior parte da apresentação a oferecer o prato principal ao público. Aborde os pontos principais da sua apresentação, mas evite ler os *slides*. Lembre-se de que você está aproveitando ao máximo os sete minutos que tem e os sete minutos que os ouvintes estão lhe dando. Apresente as ideias mais importantes em quatro minutos, passando por elas de forma clara e suave. Inclua estatísticas e pesquisas envolventes, recursos visuais e anedotas. Mantenha um tom organizado, sucinto e otimista.

Minuto 7: *resuma de novo*

Você já se apresentou por seis minutos e, mesmo que seja o comunicador mais habilidoso do planeta, só lhe resta um minuto antes que as pessoas comecem a pensar no almoço. Use o último minuto para fazer uma rápida recapitulação da apresentação. Encerre com uma história rápida ou uma declaração resumida, de tal modo que a última coisa que você disser na apresentação seja também a coisa mais importante de que eles se lembrarão. E certifique-se de fazer um convite à ação (como responder).

SEÇÃO 8

Velhas reuniões tediosas

O segredo para ser entediante
é dizer tudo.
VOLTAIRE

28

POR QUE AS MELHORES REUNIÕES SÃO CURTAS

Imagine uma reunião em uma sala de conferências com o personagem bíblica Noé. Não há uma nuvem no céu. Você vê uma grande mesa de madeira com uma tigela de frutas no centro. Noé está segurando um cajado de madeira, tem uma barba comprida e se parece um pouco com Russell Crowe. Ele monta a equipe, composta principalmente por familiares e, quem sabe, alguns espectadores confusos.

— Então, quero construir uma arca — ele explica em meio a um coro de gemidos e olhos revirados, alguns deles da própria esposa e dos filhos.

A reação inicial parece um pouco hostil.

— O que é uma arca? — alguém pergunta lá no fundo. É uma dúvida séria que muitos participantes têm, sobretudo aqueles que sentem que estão sendo convocados para ajudar a construir uma.

Você está na reunião, vendo tudo isso se desenrolar. É um pouco difícil de entender. Você olha para uma zebra pastando em um campo. Na verdade, você vê duas zebras, o que parece estranho. Noé fala sobre um dilúvio e a depravação moral de qualquer um que não esteja na reunião, ao que tudo indica. É um pouco louco, mas Russell Crowe parece saber do que está falando. Ele tem *detalhes*. Estamos falando sobre medidas exatas e planos específicos. O tamanho da coisa! Maior que um Atacadão! As zebras começam a se aproximar.

Falando sério agora, essa reunião nunca aconteceu. (Ou quem sabe sim?). Gênesis 6.22 nos conta que "Noé fez tudo exatamente como Deus lhe tinha ordenado". No capítulo seguinte de Gênesis, ele estava dentro da arca com a família.

Se você piscar, perdeu!

Gosto de imaginar que Noé era extraordinariamente eficiente e se comunicou com clareza com todos os envolvidos, porque, se ele enrolasse, a chuva viria e eles não sobreviveriam. Ele tinha uma visão e um propósito. Sejamos honestos: se ele de fato tivesse feito uma reunião com os filhos e as noras para explicar o que estava prestes a acontecer, ela teria sido curta, ao ponto e um pouco urgente.

***

Sempre me surpreendo quando as pessoas apresentam sua visão de maneira que parece não só *possível*, mas também *plausível*. Elas têm detalhes específicos para compartilhar, não apenas uma ideia incompleta e muito tempo livre (para desperdiçar o seu). Um indivíduo inaugurará um arboreto flutuante movido a fissão nuclear e explica como fazer isso; outra mandará as pessoas em uma viagem de ida e volta para a Lua e explica o processo de maneira que parece tão simples quanto uma ida ao supermercado.

As melhores reuniões são assim. Como afirmou a empresária Arianna Huffington: "Quando temos um objetivo claro definido com antecedência e estamos totalmente presentes, dando a nossa contribuição plena, as reuniões são muito mais rápidas".[1]

Imagine uma figura parecida com Elon Musk na ponta da mesa apresentando uma missão a Marte com argumentos claros e convincentes. Você absorve tudo e concorda com a cabeça. A apresentação é curta e direta ao ponto. Ao passo que algumas reuniões são como assistir avestruzes duelando por uma hora, outras parecem muito mais intencionais. Há um objetivo para a reunião, que é apresentar uma visão que ajude todos a tomar uma decisão. Além disso, ela é curta. As melhores reuniões parecem suaves como a seda.

***

Prefiro reuniões que funcionem como uma reunião do time de vôlei nos intervalos. Defina a jogada, forneça os detalhes, faça a contagem de passes e depois execute.

Neste livro, defendi a desaceleração na maioria das nossas tarefas, mas não quando se trata de reuniões. Gosto de reuniões que surgem com um propósito intencional. As reuniões deveriam ser mais como o momento em que os jogadores se amontoam juntos para definir a estratégia: apresente a visão, compartilhe os detalhes, tome uma decisão crucial e siga em frente.

Ser mais eficiente com o nosso tempo em reuniões nos libera para focar em outras tarefas significativas. Reuniões mal administradas, longas e ineficientes consistem em um mau hábito coletivo. Não há visão durante essas reuniões, apenas rosquinhas velhas e brincadeiras sem sentido.

Gostaria que mais de nós que lideramos reuniões déssemos ouvidos ao empreendedor Gary Vaynerchuk. Ele afirmou que

1 Stattin, Joakim. "5 Quotes about Masterfully Effective Meetings by the World's Top Business Influencers", Stratsys. Disponível em: <https://www.stratsys.com/blog/5-quotes-about-masterfully-effective-meetings-by--the-worlds-top-business-influencers>. Acesso em: 29 abr. 2021.

ninguém nunca encontrará mais tempo.[2] O comediante Dave Barry disse certa vez: "Se você precisasse identificar, em uma palavra, o motivo que leva a raça humana a não ter alcançado e nunca conseguir alcançar todo seu potencial, essa palavra seria 'reuniões'".[3]

As reuniões são chatas e improdutivas quando não têm visão e demoram muito.

A visão envolve dois componentes: *para onde você planeja ir* e *como você tem a intenção de chegar lá*. Aqueles que são péssimos em projetar a visão podem definir uma meta admirável para uma reunião, mas não conseguem explicar como chegar lá. Em qualquer reunião, é importante explicar o propósito e a visão para, em seguida, fornecer os detalhes sobre o que está em jogo e o que precisa acontecer. As reuniões nos ajudam a consolidar rapidamente uma visão dentro de um grupo. Como observou o autor Chris Hodges, a sua visão provavelmente é grande demais para ser implementada por você sozinho.[4]

Peter Drucker escreveu certa vez: "Não me diga que você teve uma reunião incrível comigo. Diga-me o que você vai fazer de diferente a partir de segunda-feira".[5] Minha opinião é que todos os encontros de equipe — aqueles que seguem a rotina de reunião em sete minutos no final desta seção — devem usar uma

---

[2] SHELLEY, Ryan. "50 Gary Vaynerchuk Quotes to Get You in Hustle Mode", **SMA Marketing**, 18 de fevereiro de 2020. Disponível em: <https://www.smamarketing.net/blog/gary-vaynerchuk-quotes>. Acesso em: 18 set. 2024.

[3] "Dave Barry", Goodreads. Disponível em: <https://www.goodreads.com/quotes/17705-if-you-had-to-identify-in-one-word-the-reason>. Acesso em: 29 abr. 2021.

[4] HEAL, Amanda. "Don't Make the Mistake of Trying to Accomplish Your Life's Dream Alone", **Purpose Vision Future** (blog), 8 de agosto de 2016. Disponível em: <https://purposevisionfuture.com/dream-included-need-help-achieve/>. Acesso em: 18 set. 2024.

[5] DRUCKER, Peter. "Perspective: About Peter Drucker", **Drucker Institute**. Disponível em: <https://www.drucker.institute/perspective/about-peter-drucker/>. Acesso em: 29 abr. 2021.

abordagem semelhante: enfatizar o que precisa ser feito fora da reunião, apresentar os detalhes importantes com um convite à ação e *fim*.

Antes de nos aprofundar na melhor maneira de liderar reuniões, abordaremos o problema óbvio que não pode ser evitado. Você provavelmente está se perguntando como alguma reunião poderia durar sete minutos. É possível que uma reunião de acompanhamento do trabalho dure duas horas! Entendo a sua dor. É fácil escrever em um diário por sete minutos, e fazer uma apresentação para vender uma ideia em sete minutos faz sentido, sobretudo se você estiver familiarizado com as minúcias do PowerPoint.

Mas as coisas são diferentes quando se trata de reuniões. Elas são encorpadas, longas e tediosas. Daria até para argumentar que são as principais candidatas para uma reformulação radical.

Minha ideia é transformar mais reuniões em encontros de equipe voltados para tomar decisões rápidas. Isso significa eliminar a maioria das reuniões que funcionam mais ou menos assim:

> Discussões intermináveis de assuntos, sem tomar decisão alguma.
> Reuniões de acompanhamento que nunca acompanham o trabalho de ninguém.
> Reuniões para a equipe se conhecer que não ajudam ninguém a se conhecer melhor.
> O chefe contando piadas ruins para todos.
> Reuniões em que todos continuam simplesmente vidrados no próprio celular.
> Discussões baseadas no seu prestígio na empresa, não no tema em questão.

Transformar as reuniões em encontros de equipe para tomar decisões economizará cerca de 53 minutos por reunião. Por quê? Vocês não precisam se reunir por uma hora — apenas sete minutos bastam. Esse tempo extra pode ser usado para pesquisar, analisar tendências de mercado, criar vínculos em um ambiente feito para isso ou adiantar outro trabalho.[6] A reunião pode ser transferida para outro local — digamos, para um aplicativo de gerenciamento de tarefas como o Trello ou uma ferramenta de bate-papo colaborativo como Slack ou Microsoft Teams.

Nesta seção, vamos redefinir o propósito da maioria das reuniões e aliviar o trabalho pesado. Já fiz encontros de equipe em sete minutos que foram muito mais valiosos do que qualquer reunião de uma hora (ou de um dia inteiro).

Rahul Vohra, CEO e fundador do aplicativo Superhuman, contou certa vez sobre seu interessante método para realizar reuniões.[7] Em primeiro lugar, elas são extremamente curtas. Ninguém levanta uma pauta a menos que tenha compartilhado a ideia no dia anterior e todos tenham lido e comentado sobre isso. A maioria das reuniões acontece no início da semana a fim de que as pessoas tenham tempo durante a semana para implementar as decisões tomadas.

Há dois tipos de decisões que a equipe dele toma em reuniões. Uma é chamada de *decisão reversível*, algo que não é tão impactante a ponto de atrapalhar os negócios. Vohra diz que nunca dá a última palavra acerca das decisões reversíveis e permite que os membros da equipe o lembrem disso. Somente outras pessoas podem tomar decisões reversíveis.

Em contrapartida, as *decisões irreversíveis* são aquelas que causam grande impacto. Um exemplo que Vohra deu é quando a equipe está pensando em escolher um investidor para sua *start-up*. Nesse caso, ele sempre faz a escolha final. Ele explica que toda *start-up* sabe que não é possível "se divorciar" de seus investidores. Isso significa que, uma vez que você escolhe um, é obrigado a fazer dar certo.

---

6 Mas definitivamente não para navegar indefinidamente em um site de esportes em busca das últimas notícias!

7 Vohra, Rahul. Entrevista.

A equipe também trabalha com a regra de que nenhum assunto em pauta pode ser discutido por mais de cinco minutos. De acordo com a proposta deste livro, a rotina inteira de reuniões dura sete minutos, mas é válido lembrar que esses encontros de equipe não servem para todos os propósitos em todas as empresas. Não dá para fazer uma reunião de treinamento de recursos humanos em sete minutos, por mais incrível que essa ideia pareça.

Existe um critério específico que precisa ser cumprido para seguir a rotina de reunião em sete minutos. A reunião deve envolver uma decisão que já foi detalhadamente discutida e se destina à tomada de decisões final. Antes de ter um "encontro de equipe para decisão" em sete minutos, discuta todas as variáveis em grupos menores, por telefone ou usando outros métodos. A reunião de sete minutos foi projetada para formar um novo hábito que promove mais intencionalidade e eficiência em todas as reuniões, evita temas espinhosos e incentiva o *brainstorming* por meio de outros canais.

***

A maioria de nós tem certa dificuldade de atenção. As reuniões costumam colocar isso à prova, como você provavelmente já deve ter testemunhado. Uma brincadeira divertida para fazer em uma reunião é colocar um cronômetro e ver quanto tempo leva até alguém checar o celular. Culpo a sobrecarga de informações. O economista Herbert Simon disse, certa vez, com muita eloquência, que "precisamos alocar a atenção de maneira eficiente em meio à superabundância de fontes de informação que podem consumi-la".[8]

O autor Robert Pozen escreveu sobre como as reuniões corporativas tendem a ser ineficientes e até mesmo desnecessárias.

---

[8] "Herbert A. Simon", Goodreads. Disponível em: <https://www.goodreads.com/quotes/8502027-in-an-information-rich-world-the-wealth-of-information-means-a>. Acesso em: 29 abr. 2021.

Carecem de significado e propósito, ocorrem com exagerada frequência e duram tempo demais. As reuniões não são a melhor forma de estimular as relações interpessoais. Muitas vezes, resultam em debates intermináveis que não ajudam ninguém a terminar o próprio trabalho.[9]

Algumas empresas resolveram a incrível ineficiência da maioria das reuniões fazendo reuniões em pé (reuniões rápidas para resumir tarefas importantes) e até mesmo caminhando, do tipo que Steve Jobs costumava fazer com sua equipe[10] (mas elas caíram em desuso nos últimos anos e durante a pandemia).

Infelizmente, muitas dessas técnicas não resolvem o problema subjacente: não prestamos atenção nas reuniões, nem quando ficamos em pé ou caminhamos em grupo. Os pesquisadores já sabiam disso desde a década de 1970. Um estudo sobre o perfil de estudantes universitários descobriu que os participantes paravam de ouvir uma palestra depois de apenas dez minutos. Dez minutos! E isso antes que as pessoas tivessem redes sociais, celulares, *tablets*, *laptops* e YouTube.[11]

Sem dúvida, deve haver uma maneira melhor de tomar decisões em grupo do que colocar 20 a 30 pessoas em uma sala por uma hora. No capítulo a seguir, defenderei que as reuniões devem ser planejadas principalmente para a tomada de decisões.

---

9 Pozen, op. cit., p. 85-98.

10 Stillman, Jessica. "The Simple Trick Great Thinkers from Charles Darwin to Steve Jobs Used to Be More Creative", **Inc.**, 29 de maio de 2019. Disponível em: <https://www.inc .com/jessica-stillman/steve-jobs-swore-by-walking-meetings-heres-science-of-why-theyre-awesome-how-to-do-them-right.html>. Acesso em: 18 set. 2024.

11 "Attention in the Classroom: My Best Bets from the Research", **Hobbolog** (blog), 30 de janeiro de 2020. Disponível em: <https://hobbolog.wordpress.com/2020/01/30/attention-in-the-classroom-my-best-bets-from-the-research/>. Acesso em: 18 set. 2024.

29

RESOLVA PROBLEMAS EM SETE MINUTOS

Comecei a realizar reuniões em sete minutos quando me envolvi em ajudar uma faculdade local com estratégias de *marketing* e redes sociais. Era 2016 e percebi que havia uma oportunidade de incluir os alunos nesse processo.

Criei uma equipe de *marketing* digital para ajudar a agendar postagens nas redes sociais, escrever artigos, tirar fotos em eventos e fazer vídeos. Foi um sucesso incrível. As plataformas de redes sociais cresceram de algumas centenas para vários milhares de seguidores em três anos — uma taxa de crescimento de 750%.

Um segredo para o sucesso era que tomávamos decisões com rapidez.

Os alunos não sabiam disso na época — embora alguns tenham percebido desde então —, mas para mim era comum reunir um pequeno grupo de não mais do que sete ou oito colaboradores, muitos deles voluntários e estagiários, a fim de apresentar uma ideia sobre uma nova estratégia ou projeto. O tempo era crucial. Para começar, não estava lá durante a semana inteira durante os primeiros anos. Quando comecei o projeto em 2016, nem morava na mesma cidade da instituição de ensino.

Em 2017, com cerca de 30 alunos envolvidos, fazia reuniões de improviso em uma grande sala que a faculdade destinou aos nossos esforços de marketing digital. Em muitos casos, após projetar a visão por um ou dois minutos, discutíamos o melhor caminho para cumprir os nossos objetivos. Segue-se apenas um exemplo entre literalmente centenas de outros ao longo de um período de 4 anos. A princípio, pensamos em como as nossas redes sociais poderiam se beneficiar de ter influenciadores que compartilhassem e curtissem os artigos. Se conseguíssemos encontrar influenciadores com muitos seguidores no Twitter, por exemplo, isso poderia levar a um maior conhecimento sobre a faculdade. Essa se tornou uma boa declaração de visão, pois era fácil de explicar em cerca de um ou dois minutos. Em seguida, reunimos ideias sobre como encontrar influenciadores.

Nas nossas reuniões, focávamos nas decisões principais. Não havia a tentativa de fazer um *brainstorming*. Em vez disso, definíamos um objetivo claro como equipe e, em seguida, analisávamos um objetivo e uma tática específicos, levando em conta somente um pequeno punhado de opções. Decidimos procurar ex-alunos com muitos seguidores nas redes sociais e enviar um e-mail para eles perguntando se concordariam em fazer parte de uma rede de influenciadores. Bingo! O grupo debateu brevemente como isso funcionaria, mas todo o trabalho real ocorreu fora da reunião. Assim como o *brainstorming*. E a discussão sobre o orçamento.

Em suma, a reunião não era onde debatíamos ou fazíamos o trabalho real. Distribuíamos o trabalho em um aplicativo de mensagens colaborativas como o Slack e evitávamos conversas intermináveis e longas sessões de *brainstorming*. Mais tarde, se precisássemos debater mais, fazíamos isso em grupos menores no momento em que a necessidade surgia e nem convocávamos uma reunião.

***

Essas ideias são radicais se você já foi a uma reunião. Produtividade com propósito equivale a um exame constante das práticas. Significa cortar o supérfluo.

Muitas das reuniões hoje equivalem a um mau hábito porque são compostas principalmente por itens supérfluos. O caminho para melhorar as reuniões é mantê-las curtas, focadas e organizadas.

Por que isso é importante? Jordan Raynor escreveu sobre o problema da distração e de deixar que muitas prioridades nos puxem para diversas direções diferentes. O livro *Master of One: Find and Focus on the Work You Were Created to Do* [Mestre de uma coisa só: encontre o trabalho que você foi criado para fazer e foque nele] é uma explicação magistral de por que não é possível "fazer tudo" de uma maneira que glorifique a Deus e corresponda ao nosso chamado superior.

Ele me disse certa vez que estamos todos presos em um pântano, tentando tomar boas decisões. Alguns de nós dizemos que "estamos soterrados" por trabalho, mas, na realidade, *o pântano é formado pelas nossas prioridades concorrentes*. Não sei ao certo como você poderia drenar esse pântano, mas provavelmente é melhor nem se enfiar em um.

Isso pode parecer contraintuitivo, mas o autor Robert Pozen aconselha que todos nós regularmente recusemos mais reuniões do que aceitamos, dependendo da situação profissional em que nos encontramos.[1]

A verdade é que todos nós nos beneficiaríamos de analisar bem se as nossas reuniões são necessárias ou se os objetivos delas poderiam ser alcançados usando outros canais de comunicação. Enquanto isso, reuniões mais eficientes precisam de uma receita inédita para o sucesso, que, conforme veremos no capítulo a seguir, seja extremamente focada.

---

[1] Pozen, op. cit., p. 85-87.

30

COMO DAR FOCO ÀS SUAS REUNIÕES E AO SEU TEMPO

Faça o seguinte interessante experimento mental.

Imagine por um instante que você é Isaac Newton, o ser humano que descobriu a lei universal da gravidade. Sinta-se à vontade para imaginar aquela árvore icônica e a maçã que atinge a sua cabeça. Pense em um dia de outono brilhante, no barulho do choque e no hematoma que se originou depois. Ai!

Se você se encontrasse nessa situação e estivesse com um humor extremamente contemplativo como o protagonista do nosso experimento mental, já teria pensado sobre a gravidade universal. Essa realidade o atingiria como uma tonelada de tijolos. Mas por quê? Porque essa ideia já estaria na sua mente.

Claro, alguns dos fatos que costumam contar sobre Isaac Newton não são exatamente verídicos. Nunca houve de fato uma maçã que caiu em sua cabeça.[1] Essa fábula entrou para o imaginário popular porque simplifica com perfeição como um homem

---

[1] Nix, Elizabeth. "Did an Apple Really Fall on Isaac Newton's Head?", **History**, atualizado em 1º de setembro de 2018. Disponível em: <https://www.history.com/news/did-an-apple-really-fall-on-isaac-newtons-head>. Acesso em: 18 set. 2024.

brilhante descobriu a gravidade. O que não lhe contaram na escola é que *ele pensava sobre a gravidade havia muitos anos*. Objetos de tamanhos diferentes são atraídos uns pelos outros — neste caso, uma maçã é atraída para o planeta. Quando perguntaram a Newton como ele havia descoberto a lei da gravidade, a resposta foi: "Pensando nisso sem parar".[2]

Os cientistas estão convencidos de que essa capacidade se deve a algo chamado *hiperfoco* — ou seja, a capacidade de bloquear todas as outras distrações e permanecer centrado em um único pensamento. O fato de conseguirmos nos concentrar em uma ideia de cada vez significa que não estamos pensando ao mesmo tempo no café da manhã, no que queremos postar no Instagram nem em por que um dos nossos filhos não está indo tão bem na escola.

Nosso cérebro se conecta com foco de raio laser em um assunto de cada vez. Ele não foi projetado para alternar constantemente de um aplicativo para outro ou para realizar várias tarefas de um documento de trabalho para outro. Preferimos *focar*.

Na minha atuação como escritor, especializei-me em algumas áreas principais, como produtividade, tecnologia, liderança e mentoria. Seth Godin, o gênio da publicidade, disse que toda empresa precisa encontrar seu nicho — uma área de foco extremo. Ao encontrar diferenciais, ele diz, você é capaz de criar planos de *marketing* e atrair clientes.[3]

Muitas empresas tentam se expandir para atrair o maior número possível de novos clientes, mas Godin diz que essa é uma receita para o desastre. Tentar atrair todo tipo de cliente significa que você não atrairá nenhum.

Uma porta estreita chama mais atenção.

O que acontece quando nos concentramos? Para começar, é uma *maravilha*. O cérebro humano é único pelo simples fato de

---

[2] McKeown, op. cit., p. 67.

[3] Godin, Seth. **This Is Marketing**: You Can't Be Seen Until You Learn to See. London: Penguin, 2018, p. 46.

conseguir fazer isso. Voltamos a nossa atenção para um tema político, ou um prato de comida ou uma pessoa amada. Quando nos perguntamos sobre algo ou alguém, estamos automaticamente desligando todo o resto.

Se o nosso cérebro fosse incapaz de focar, passaríamos o dia inteiro reformulando a cada instante. Não seríamos capazes de trabalhar em planilhas, construir pontes ou fazer uma torta de framboesa. É por isso que, para ser eficiente, é importante focar sem parar.

As reuniões são um exemplo gritante de como a falta de foco leva à improdutividade. Não precisa ser assim. O tempo é precioso e pode ser otimizado. Aliás, agora é um bom momento para encerrar este capítulo, antes que eu tome demais o seu tempo.

ROTINA DE REUNIÕES

Aquilo que alguns podem chamar de *encontro de equipe* é o mesmo que a reunião em sete minutos. Você reúne as pessoas a fim de seguir uma agenda de rigorosos sete minutos.

◉ **Antes de começar: *prepare-se***
Planeje o que você dirá e que decisão deseja tomar durante a rotina de reunião em sete minutos. Crie uma agenda exata para os sete minutos que leve em conta cada minuto, conforme explicado a seguir. Antes da reunião, crie e distribua uma agenda para que os participantes saibam o que esperar — e por quanto tempo vocês ficarão juntos.

Minuto 1: *anuncie as suas intenções*
Comece anunciando a rapidez com que a reunião será executada. Essa notícia será muito bem recebida. Mencione a decisão que você está buscando tomar — por exemplo, decidir o nome de uma nova campanha publicitária ou escolher alguém para liderar um evento da empresa. Explique a decisão que você deseja e o objetivo da reunião em apenas um minuto. Não demore muito nem exagere na explicação do propósito.

Minutos 2 a 5: *apresente as opções básicas*
Uma vez que se trata de um breve encontro de equipe destinado a tomar uma decisão em grupo sobre um assunto, revise as descobertas básicas e as informações que você já apresentou antes tomar a decisão. Você tem apenas quatro minutos, então explique rapidamente quais

são as alternativas. Se a reunião tiver o objetivo de decidir quem irá liderar uma nova iniciativa de vendas, liste os candidatos e suas qualificações. Se o motivo for definir a comida para uma festa depois do expediente, explique as opções ao grupo.

Minuto 6: *mencione quaisquer preocupações*

Depois de apresentar ao grupo as opções básicas disponíveis, que você já havia listado na agenda e distribuído com antecedência (para que os participantes tivessem a oportunidade de pensar sobre elas), dê a todos a chance de mencionar quaisquer preocupações ou de fazer perguntas. Como a agenda é clara, o grupo sabe que essa parte do encontro de equipe dura apenas um minuto.

Minuto 7: *tome a decisão*

Este encontro de equipe curto e em ritmo acelerado se destina a reunir um pequeno grupo e abrir um fórum para uma discussão rápida e para a tomada de decisão. Não demore. No minuto final, depois de apresentar as opções e permitir um breve período para expor quaisquer preocupações, faça uma escolha junto com o grupo. Agende um *brainstorming* de acompanhamento e itens de ação quando necessário, de acordo com a decisão tomada.

EPÍLOGO

Terminando com uma boa ata

Se você sente que há uma batalha constante pela sua atenção, saiba que não está sozinho. Estamos dançando ao som de uma centena de e-mails e mensagens de texto fazendo serenata para nós o dia todo. O *feed* das nossas redes sociais está em frenesi; correntes e mais correntes de e-mails se transformam em sentenças de prisão. Para nos manter produtivos, alguns de nós recorremos a medidas extremas, como excluir o perfil do Facebook ou mudar para uma ilha deserta.

Não precisa ser assim.

Produtividade com propósito significa seguir rotinas passíveis de repetição, com intenções claras. Aquilo em que você focar se tornará a sua maior área de sucesso, conforme observei neste livro. Junto com a intencionalidade, vem um benefício maravilhoso: uma sensação de propósito e paz por saber que você está trabalhando rumo aos objetivos certos.

Você aprendeu a lutar contra a distração usando as rotinas deste livro e avançou muito. Meu incentivo agora é simples: mantenha-se firme ao plano. As distrações ainda podem atrapalhar você às vezes (afinal, todas aquelas fotos de bebê no Facebook são mesmo adoráveis!). Você perderá algumas batalhas de produtividade aqui e ali. Mas valorize os momentos em que você termina a sua rotina matinal ou quando você processa rapidamente os seus e-mails em apenas sete minutos.

Há uma satisfação extraordinária naqueles momentos em que você termina uma rotina e fecha a capa do seu diário ou sai de um aplicativo de e-mail, quando finalmente fecha a tampa do seu *laptop* para encerrar o dia. Você se levanta e empurra a cadeira para trás com um sorriso no rosto, pois sabe que progrediu muito.

Ah, como entendo você! A lição que aprendi no ano passado, enquanto escrevia a maior parte deste livro durante uma pandemia e praticava as minhas rotinas, foi esta: o estresse acontece. A pergunta não é se devemos evitar o estresse e ficar confortáveis. A grande questão é: como vamos reagir ao estresse?

As rotinas deste livro foram elaboradas para ajudar você a aumentar a sua produtividade — não por alguns meses ou com algumas conquistas de curto prazo, mas, sim, por meio de uma mudança radical e douradora na maneira que você aborda o trabalho. Isso significa deixar de lado os maus hábitos e aprender novas rotinas que redefinirão toda a sua perspectiva.

Conforme vimos, ser intencional em relação à produtividade, desacelerar e pensar no que você está fazendo e por que pode levar a mais propósito e significado. Você será capaz de trabalhar duro nas tarefas certas, em vez de trabalhar rápido nas erradas. Isso é produtividade com propósito.

Escrever em um diário e registrar os momentos de esperança na sua vida; planejar o seu dia e trabalhar nas tarefas mais importantes; deixar de lado as tarefas que não são essenciais; refletir sobre o seu dia com uma perspectiva intencional e honesta; quebrar os maus hábitos, como obsessão por acessar as redes sociais e navegar na *internet*; além de resistir à prática de fazer apresentações intermináveis e reuniões improdutivas — você já fez tudo isso!

No fim das contas, a minha oração por você é que as rotinas neste livro o ajudem no decorrer de toda sua vida e que você enxergue a produtividade como mais do que uma série de informações em um livro. Minha esperança é que ela defina quem você é.

Estou aqui para ajudar. Acesse o meu site www.sevenminutesolution.com [em inglês] para descobrir como continuar travando a batalha contra a distração e para aprender novas técnicas de produtividade, ou para me enviar uma mensagem e mandar um oi. Prometo responder um dia.

BIBLIOGRAFIA

ADACHI, Kendra. **The Lazy Genius Way**: Embrace What Matters, Ditch What Doesn't, and Get Stuff Done. Austin: Waterbrook, 2020.

ALLEN, David. **Getting Things Done**: The Art of Stress-Free Productivity. New Yo rk: Penguin, 2015. Disponível em português sob o título: **A arte de fazer acontecer**: o método GTD — Getting Things Done; estratégias para aumentar a produtividade e reduzir o estresse. Rio de Janeiro: Sextante, 2015.

ALTER, Adam. **Irresistible**: The Rise of Addictive Technology and the Business of Keeping Us Hooked. London: Penguin, 2018. Disponível em português sob o título: **Irresistível**: por que você é viciado em tecnologia e como lidar com ela. São Paulo: Objetiva, 2018.

BAILEY, Chris. **Hyperfocus**: How to Be More Productive in a World of Distraction. New York: Penguin, 2018. Disponível em português sob o título: **Hiperfoco**: como trabalhar menos e render mais. São José dos Campos: Benvirá, 2019.

BATTERSON, Mark. **Whisper**: How to Hear the Voice of God. New York: Crown Publishing, 2020. Disponível em português sob o título: **Sussurro**: como ouvir a voz de Deus. São Paulo: Vida, 2019.

BETHKE, Jefferson. **To Hell with the Hustle**: Reclaiming Your Life in an Overworked, Overspent, and Overconnected World. Nashville: Thomas Nelson, 2019.

BRYSON, Bill. **The Body**: A Guide for Occupants. New York: Knopf Doubleday, 2019. Disponível em português sob o título: **Corpo**: um guia para usuários. São Paulo: Companhia das Letras, 2020.

BUCHANAN, Mark. **God Walk**: Moving at the Speed of Your Soul. Grand Rapids: Zondervan, 2020.

BURCHARD, Brendon. **High Performance Habits**: How Extraordinary People Become that Way. Carlsbad, CA: Hay House, 2017. Disponível em português sob o título: **O poder da alta performance**: os hábitos que tornam as pessoas extraordinárias. São Paulo: Objetiva, 2018.

CARR, Nicholas. **A geração superficial**: o que a internet está fazendo com os nossos cérebros. Rio de Janeiro: Agir, 2019.

CLEAR, James. **Atomic Habits: Tiny Changes, Remarkable Results**: An Easy & Proven Way to Build Good Habits & Break Bad Ones. London: Penguin, 2018. Disponível em português sob o título: **Hábitos atômicos, pequenas mudanças, resultados impressionantes**: um método fácil e comprovado de criar bons hábitos e se livrar dos maus. Rio de Janeiro: Alta Life, 2019.

COMER, John Mark. **The Ruthless Elimination of Hurry**: How to Stay Emotionally Healthy and Spiritually Alive in the Chaos of the Modern World. Colorado Springs: WaterBrook, 2019.

CURREY, Mason. Daily Rituals: **How Artists Work**. New York: Knopf, 2013. Disponível em português sob o título: **Os segredos dos grandes artistas**. Rio de Janeiro: Alta Books, 2013.

DUHIGG, Charles. **Smarter Faster Better**: The Transformative Power of Real Productivity. New York: Random House, 2016. Disponível em português sob o título: **Mais rápido e melhor**: os segredos da produtividade na vida e nos negócios. São Paulo: Objetiva, 2016.

DUHIGG, Charles. **The Power of Habit**. New York: Random House, 2012. Disponível em português sob o título: **O poder do hábito**. São Paulo: Objetiva, 2012.

EYAL, Nir. **Indistractable**: How to Control Your Attention and Choose Your Life. Dallas: BenBella Books, 2019. Disponível em português sob o título **(In)distraível**: como dominar sua atenção e assumir o controle de sua vida. São Paulo: AlfaCon, 2019.

FERRISS, Tim. **The 4-Hour Workweek**: Escape 9–5, Live Anywhere, and Join the New Rich. New York: Crown Publishing, 2009. Disponível em português sob o título **Trabalhe 4 horas por semana**: fuja da rotina, viva onde quiser e fique rico. 3 ed. São Paulo: Planeta, 2017.

FERRISS, Tim. **Tribe of Mentors**: Short Life Advice from the Best in the World. Boston: Houghton Mifflin Harcourt, 2017.

ELDREDGE, John. **Get Your Life Back**: Everyday Practices for a World Gone Mad. Nashville: Thomas Nelson, 2020.

GLEI, Jocelyn K. **Unsubscribe**: How to Kill E-mail Anxiety, Avoid Distractions, and Get Real Work Done. New York: PublicAffairs, 2016.

GODIN, Seth. **This Is Marketing**: You Can't Be Seen Until You Learn to See. London: Penguin, 2018. Disponível em português sob o título **Isso é marketing**: para ser visto é preciso aprender a enxergar. Rio de Janeiro: Alta Books, 2019.

GOLDSMITH, Marshall. **Triggers: Creating Behavior That Lasts** — Becoming the Person You Want to Be. New York: Crown Business, 2015. Disponível em português sob o título **O efeito gatilho**: como disparar as mudanças de comportamento que levam ao sucesso nos negócios e na vida. São Paulo: Nacional, 2017.

HEATH, Dan. **Upstream**: The Quest to Solve Problems Before They Happen. New York: Avid Reader Press, 2020. Disponível em português sob o título **Upstream**: a busca para resolver os problemas antes que apareçam. Rio de Janeiro: Alta Books, 2022.

HOLIDAY, Ryan. **Stillness Is the Key**. London: Portfolio, 2019. Disponível em português sob o título **A quietude é a chave**. Rio de Janeiro: Intrínseca, 2019.

HOLIDAY, Ryan. **The Obstacle Is the Way**: The Timeless Art of Turning Trials into Triumph. London: Portfolio, 2014. Disponível em português sob o título **O obstáculo é o caminho**: a arte de transformar provações em triunfo. Rio de Janeiro: Intrínseca, 2022.

HYATT, Michael. **Free to Focus**: A Total Productivity System to Achieve More by Doing Less. Grand Rapids: Baker Books, 2019.

ISAACSON, Walter. **Steve Jobs**: The Exclusive Biography. New York: Simon & Schuster, 2011. Disponível em português sob o título **Steve Jobs**. São Paulo: Companhia das Letras, 2011.

KELLER, Gary; PAPASAN, Jay. **The ONE Thing**: The Surprisingly Simple Truth Behind Extraordinary Results. Austin: Bard Press, 2014. Disponível em português sob o título **A única coisa**: o foco pode trazer resultados extraordinários para sua vida. São Paulo: Figurati, 2014.

KELLER, Timothy. **Every Good Endeavor**: Connecting Your Work to God's Work. New York: Penguin, 2014.

L'AMOUR, Louis. **Lonely on the Mountain**. New York: Random House, 2003.

LANIER, Jaron. **Ten Arguments for Deleting Your Social Media Accounts Right Now**. New York: Henry Holt, 2018. Disponível em português sob o título **Dez argumentos para você deletar agora suas redes sociais**. Rio de Janeiro: Intrínseca, 2018.

LEWIS, C. S. **The Screwtape Letters**. New York: HarperCollins, 2001. Disponível em português sob o título **Cartas de um diabo a seu aprendiz**. Rio de Janeiro: Thomas Nelson Brasil, 2017.

MCKEOWN, Greg. **Essentialism**: The Disciplined Pursuit of Less. New York: Random House, 2014. Disponível em português sob o título **Essencialismo**: a disciplinada busca por menos. Rio de Janeiro: Sextante, 2015.

NEWPORT, Cal. **A World Without E-mail**. New York: Penguin, 2021. Disponível em português sob o título **Um mundo sem e-mail**:

reimaginando o trabalho em uma era de excesso de comunicação. Rio de Janeiro: Alta Books, 2021.

O'Mara, Shane. **In Praise of Walking**: A New Scientific Exploration. New York: Norton, 2019.

Ortberg, John. **Eternity Is Now in Session**: A Radical Rediscovery of What Jesus Really Taught about Salvation, Eternity, and Getting to the Good Place. Carol Stream, IL: Tyndale, 2018.

Perman, Matt. **What's Best Next**: How the Gospel Transforms the Way You Get Things Done. Grand Rapids: Zondervan, 2016.

Pink, Daniel. **When**: The Scientific Secrets of Perfect Timing. New York: Penguin Random House, 2018. Disponível em português sob o título **Quando**: os segredos científicos do timing perfeito. São Paulo: Objetiva, 2018.

Pozen, Robert C. **Extreme Productivity**: Boost Your Results, Reduce Your Hours. New York: Harper Business, 2012. Disponível em português sob o título **Alta produtividade**: hábitos e métodos únicos para melhores resultados e menos horas de trabalho. Rio de Janeiro: Elsevier, 2012.

Raynor, Jordan. **Master of One**: Find and Focus on the Work You Were Created to Do. Colorado Springs: WaterBrook, 2020.

Raynor, Jordan. **Redeeming Your Time**: 7 Biblical Principles for Being Purposeful, Present, and Wildly Productive. Colorado Springs: WaterBrook, 2021.

Vanderkam, Laura. **The New Corner Office**: How the Most Successful People Work from Home. London: Portfolio, 2020.

Wade, Mary Dodson. **Christopher Columbus**: Famous Explorer. Mankato, MN: Capstone Press, 2007.

Esta obra foi composta em *Karmina*
e impressa por Gráfica Expressão e Arte sobre papel
Polen Bold 70 g/m² para Editora Hábito.